U0905752

★ 国家出版基金资助项目
★ 湖北省学术著作出版专项资金资助项目

高等教育与社会发展论丛

董泽芳◇主编

制度与竞争：

组织社会学视角下的大学趋同现象研究

陈文娇　著

華中師範大學出版社

新出图证（鄂）字 10 号

图书在版编目（CIP）数据

制度与竞争：组织社会学视角下的大学趋同现象研究/陈文娇著．—武汉：华中师范大学出版社，2017.5（2019.11 重印）

（高等教育与社会发展论丛/董泽芳主编）

ISBN 978-7-5622-7753-8

Ⅰ．①制…　Ⅱ．①陈…　Ⅲ．①高等教育—研究—中国　Ⅳ．①G649.2

中国版本图书馆 CIP 数据核字（2017）第 081151 号

制度与竞争：组织社会学视角下的大学趋同现象研究

责任编辑：史小艳　　**责任校对：**刘　峥

装帧设计：罗明波

编辑室：学术出版中心　　**电话：**027－67863220/7792

出版发行：华中师范大学出版社　　**社址：**湖北省武汉市洪山区珞喻路 152 号

电话：027－67863426（发行部）　　027－67861321（邮购）

传真：027－67863291　　**邮编：**430079

网址：http://press.ccnu.edu.cn　　**电子信箱：**press@mail.ccnu.edu.cn

印刷：湖北恒泰印务有限公司　　**督印：**王兴平

开本：710mm×1000mm　1/16　　**字数：**200 千字

版次：2018 年 1 月第 1 版　　**印次：**2019 年 11 月第 2 次印刷

印张：12.5　　**定价：**38.00 元

欢迎上网查询、购书

总 序

高等教育是社会大系统中的一个极其重要的子系统，它与经济、政治、文化等子系统之间有着相互依存的关系。高等教育作为培养高层次专门人才的社会活动，与人的发展更有着极为密切的联系。同时，高等教育自身又是一个多层次、多类型、多主体的系统，不仅大学之间，大学内部各组织之间，领导、教师与学生之间关系错综复杂，而且与社会的方方面面都有着千丝万缕的联系。随着时代的发展，多层次的高等教育与多元化的社会之间形成了越来越密切的互动关系。现代社会，高等教育的存在和发展越来越离不开政府和社会在人力、物力、财力，以及政策、环境等方面的支持与促进；社会的发展也越来越离不开高等教育及其研究的引领与推动。美国经济学家弗里德曼用经济学“核心—边缘”理论研究二战后的经济社会现象与教育特别是与高等教育的关系时，发现在知识成为经济社会赖以存在和发展的基本资源与生产要素后，高等教育逐渐从游离于社会之外的“象牙塔”进入社会的边缘区，并渐次成为推动经济社会发展的“中心”要素，从而提出了著名的高等教育“从边缘走向中心”的发展趋势理论。从二战后高等教育对许多国家发展的实际影响来看，高等教育已成为促进国家科技振兴、经济发展、政治民主、文化繁荣的必要条件；从高等教育对社会个体的影响来看，高等教育不仅是提高个人素质、开发个人潜能的重要基础，更是促进社会流动、实现人生价值的主要途径。的确，高等教育对社会及个人的影响力从来没有像今天这样巨大，社会变革对高等教育的影响也从来没有像今天这样深刻。

然而，随着现代科技的发展和工业化进程的加速，科学文化及其内含的经济价值和工具价值得以彰显，高等教育发展中理性主义与功利主义的冲突日趋激烈。同时，高等教育大众化的进程加快及其与政府、市场、大学三者关系日益复杂，加之财政困难，高等教育商业化、官僚化、技术至上和教育质量下降等问题凸显，高等教育发展的现状和社会的期望之间的鸿沟逐渐加深，高等教育与社会发展之间的冲突也不断加剧。著名的高等教育学家约翰·S. 布鲁贝克在其《高等教育哲学》一书中，专门从冲突论的视角，论述了高等教育发展中认知论与政治论、自治与控制、学术自由与社会责任、精英教育与大众教育、普通教育与专才教育五方面的冲突，还就传统的高等教育与现代的高等教育、学术研究与社会现实道德、大学与教会等方面的冲突展开了论述。联合国教科文组织前总干事费德里克·马约尔在 1995 年发布的联合国教科文组织关于“高等教育的变革与发展的政策性文件”中更明确指出，“全世界几乎所有国家的高等教育都处于危机之中”。

在我国，随着社会现代化进程的加快，人们已愈来愈清楚地认识到，高等教育与社会的良性互动和协调发展不仅是政治稳定、科技振兴、经济发展、文化繁荣、人民幸福的必要前提，而且是保障高等教育健康发展、高效运行的基本条件。然而，现实的高等教育与社会互动机制仍不够健全，高等教育与社会发展不协调的现象也普遍存在。尤其是在社会大转型的今天，新旧体制、新旧观念与新旧因素的对立与摩擦，以及由此产生的社会失序、混乱与震荡，不仅使高等教育与社会的互动日趋复杂，也使高等教育与社会的协调发展严重受阻。有关高等教育与社会发展的关系的研究也面临着一系列值得研究的新问题。

从宏观的层次讲：一是社会结构转型与高等教育制度的调适问题。社会转型主要包括政治结构、经济结构、文化结构等在内的社会结构的整体性变迁过程。社会转型必然引起与原有社会结构相配套的规则与程序不同程度的失效，而新社会结构要素的生长亟待制度创新来促进和保障。高等教育制度如何调适与创新，如何形成与各种新的社会结构要素协调发展的关系，如何实现高等教育自身健康发展与着眼于学科发展、促进社会全面协调发展的双重目标等问题，必须通过高等教育社会学的研究才能作出科学的回答。二是高等教育与社会关系的变化及高等教育的社会功能重构。社会结构的全面转型必然对高等教育产生巨大的影响，并使高等教育与社会的关系出现一系列新变化。如市场经济的发展打破了高等教育自我封闭的格局，加强了高等教育对市场的关注；民主政治的推进提升了高等教育的自主地位，弱化了高等教育对政府的依赖；对外开放格局的形成拓展了教育者的视野，加强了高等教育同世界的联系，等等。在这种情况下，如何重新认识高等教育的社会价值，如何重构高等教育的各种社会功能，如教育对市场经济的适应、支持与矫正功能，对政治的维护、监督与批评功能，对国外文化的选择、吸收与融合功能，等等，也是高等教育社会学研究的重要任务。三是高等教育与社会冲突的加剧及高等教育的整合机制。社会全方位的变革使高等教育赖以生存的基础发生了变化，高等教育本身也进入了一个剧变时期，旧的运行机制正在被打破，新的运行机制尚未被建立，高等教育与社会的冲突大量存在。如社会经济发展对高等教育的人才需求结构与高等教育的人才培养、输出结构的冲突，高等教育发展对投入的需求与社会经济承受力的冲突，高等教育对理性精神的追求与社会现实的功利取向的冲突，高等教育的价值观念取向与社会文化观念更新的冲突，等等。诚然，高等教育社会冲突的出现并不必然产生消极的后果。如果通过高等教育社会学的研究能够形成比较健全的教育与社会的整合机制，高等教育与社会之间的冲突就会向积极的方面转化。

从中观的层次讲，主要是社会转型带来的各种社会分化引发了一系列新的高等教育社会问题。如区域分化与高等教育发展的失衡问题，阶层分化与弱势群体子女的高等教育问题。急剧的社会转型使原有社会阶层结构产生了前所未有的大分化，进而导致利益的大分化，这必然会在不同利益主体间产生广泛的矛盾和冲突。由此引发了地区之间高等教育差距扩大、高等教育资源配置不合理、高等教育机会不均等等新的高等教育社会问题。

从微观的层次看，主要有社会行为无序与大学行为失范问题，高等教育时空拓展与高校师生关系变化问题，大学校内、校外环境变化与大学教师角色冲突问题，商业的价值原则渗透与大学生的功利行为问题，等等。这些现实的问题，都是令人感到困惑的新的教育问题、社会问题，迫切需要高等教育社会学的探讨与解决。

在这种情况下，高等教育社会学理应顺应时代的要求，调整研究的视角，真正树立起高等教育与社会一体化协调发展的观念，加强对高等教育与社会互动机制的研究，努力探寻高等教育与社会协调发展的规律，促进我国高等教育的健康发展和社会的全面进步。本丛书的出版目的正在于促进这一研究。

本丛书在编写上突出了下列特点：一是研究立场的本土性与研究内容的时代性。从中国近代高等教育的发展过程看，过去高等教育学的研究在一定程度上存在着过于依赖西方教育理论和教育观念的问题，相关研究缺乏本土意识。本丛书强调立足中国国情来解决中国高等教育实践中的问题。在研究内容上，牢牢把握当下中国社会大转型这一时代背景，直面因新旧体制、新旧观念及新旧因素的对立与冲突所产生的社会失序、混乱及震荡给高等教育发展带来的冲击与挑战，紧紧围绕“高等教育与社会和谐发展”这一核心主题，提出了摆脱困境、战胜危机所要解决的一系列重要问题，并通过实实在在的研究，给出了明确回答。本丛书提出的这些问题，都是“高等教育与社会和谐发展的中国问题”，或者说是“中国的高等教育与社会和谐发展问题”。而从书作者通过研究作出的回答，可视为有助于解决问题的一些“中国答案”。

二是研究视域的广泛性与研究视角的多层性。高等教育与社会发展都是多层次、多类型、多主体的系统，探讨二者的关系应该有广阔的视域和多层的视角。在研究的视域上，本丛书既着力审视整个社会的结构与文化、体制与机制同整个高等教育之间的关系，也努力探明区域分化、地方传统文化同地方高等教育之间的关系，并用力探究具体高校中的职业性别政治、权力关系及角色冲突等问题。在研究的视角上，本丛书立足于高等教育学，比较倚重于社会学，但并不局限于社会学，而是根据研究的具体问题及主要目的，将研究的视角延展至经济学、文化学、人类学、教育学等学科。开阔的学术视野与多样的研究视角，使得丛书内容格外丰富多彩。

三是研究方法的多元性与研究手段的实证性。本丛书遵循了理论研究与实证研究相结合、立足国情与合理借鉴相结合、问题分析与对策探讨相结合等原则，注重多种方法的综合运用。尤为强调运用实证分析的手段，将研究结论建立在翔实的资料基础之上，力图更多地用客观事实说话，用实际材料说话。如制度政策的文本分析、形式多样的问卷调查、扎根实地的田野研究、已有统计数据的二次分析等，在本丛书中都有合理运用，从而为发现高等教育与社会协调发展中存在的问题、揭示成因、寻觅对策提供了必要依据。通过开展实证研究，本丛书改变和克服了老套社会科学研究“从概念到概念”、“从理论到理论”、“从问题到问题”的不良倾向，增强了理论研究的“问题导向”与策略研究的“有的放矢”。

本丛书得以出版，既要感谢华中师范大学出版社新老领导的精心策划与大力支持，也要感谢编辑部主任和各位编辑的认真审读与细致编校，更要感谢顾明远先生与吴康宁先生的充分肯定与郑重推荐。

本丛书的作者主要是高等教育与社会发展研究方向的博士和博士后，丛书多是在他们的博士学位论文的基础上修改而成，虽然研究宗旨与写作要求一致，但每本书的主题思想与写作风格各异。作为丛书主编，我希望本丛书的出版能够为促进我国高等教育与社会协调发展起到一定的作用，也希望高等教育与社会发展的议题能受到学界更多的关注。由于作者的水平以及对高等教育与社会协调发展规律的认识有限，本丛书必有诸多不足之处，诚望诸位学者、读者不吝赐教。

董泽芳

2017年6月6日

目　　录

第一章　大学组织趋同的研究缘起

第一节　问题的由来

一、高等教育大众化的发展

自20世纪90年代末以来，我国高等教育事业进入了一轮跨越式快速发展的阶段。1999年，我国实施高等教育扩大招生规模政策，提高了人们接受高等教育的机会，高等教育毛入学率逐年提高。1999年，我国高等教育的毛入学率仅为10.5%，2002年的为15.3%，2007年的为23%，2012年的达到30%，2015年的已经达到40%①。美国高等教育研究专家马丁·特罗（Martin Trow）认为，一些国家的精英高等教育，在其规模扩大到能为15%左右的适龄青年提供学习机会之前，它的性质基本上不会改变。当达到15%时，高等教育系统的性质开始改变，转向大众型；如果这个过渡成功，大众高等教育可在不改变其性质下，发展规模直至其容量达到适龄人口的50%。当超过50%时，即高等教育开始快速迈向普及时，它必然再创新的高等教育模式②。据此观点，我国已经于2002年顺利实现了由精英型高等教育向大众化高等教育的过渡，现在正快速迈向普及高等教育阶段，高等教育的总体规模将在未来若干年内稳步扩大。

---

① 参见我国教育部网站公布的1999～2015年的“全国教育事业发展统计公报”（http://www.moe.edu.cn/jyb_sjzl/sjzl_fztjgb/）。

② TROW M. Problems in the Transition from Elite to Mass Higher Education [R]. Berkeley: Carnegie Comission on Higher Education, 1973.

不可否认的是，我国高等教育在跨越式的发展过程中也浮现出许多问题。比如，高等教育质量问题、高校发展的自主权问题、高校毕业生的就业问题等。其中，高校的趋同发展是我国高等教育进入大众化阶段以来备受学界关注的问题之一。马丁·特罗在论述高等教育精英、大众和普及发展阶段时指出，随着高等教育规模的扩大，高等教育系统必然发生质的变化，实现高等教育大众化的途径是高等教育多样化①。但综观我国高等教育系统，高等教育的多样化并没有伴随着高等教育的大众化同时实现。相反，“千校一面”，大学发展特色缺失问题却愈演愈烈。我们发现不同层次、不同类型的大学组织，其组织目标、组织结构和组织行为却惊人地相似。从高校的发展目标看，包括地方院校在内的大多数高校都热衷于“综合性、研究型、高水平”的学术型精英大学，都大幅度地扩大招生规模，动辄以有数万学生的“巨型大学”为发展目标；从高校的组织结构看，高校的科层化、行政化趋势也越来越明显，高校越来越像部门层级多而复杂的行政机关；从高校的办学行为看，不同类别的高校在人才培养模式上没有明显的差别，同类高校在学科专业以及课程设置上也非常雷同，学校对教师的管理与激励相差无几，甚至连融资办学的渠道也十分接近。一言以蔽之，我国多数大学办学特色不明显、多样化不足，存在着较为普遍的组织趋同现象。

二、大学组织趋同的社会学关注

我国学者对大学组织展开大规模的研究始于21世纪初，但研究重心大都集中于现代大学制度的构建，对大学组织群体趋同的行为关注较少。大多数学术研究和媒体报道均认为，大学组织的趋同已成为我国高等教育可持续发展过程中的一大障碍。首先，大学的趋同使得学生在选择高校接受教育的过程中存在着一定的盲目性。因为同一层次的大学在学校名称、学科建设、专业设置方面的相似度很高，学生无法获得充分的信息以寻找适合其自身发展的理想高校。其次，大学的趋同使得不同学校在人才培养的规格上相近，极易造成人才培养结构失衡，无法适应

① TROW M. Problems in the Transition from Elite to Mass Higher Education [R]. Berkeley: Carnegie Comission on Higher Education, 1973.

多元化的劳动力市场需求，导致结构性失业加剧。再次，大学的趋同使得政府在对高校进行宏观管理时缺乏针对性，在投资拨款上缺少绩效激励与约束，易造成高等教育资源的极大浪费。最后，大学的趋同会使大学失去创造力，造成我国大学的普遍平庸化。

尽管“千校一面”的大学组织趋同现象饱受诟病，但我们也不能忽视它的合理性及其积极意义。组织研究中存在着一个定律：一个问题如果长期得不到解决，那么这个问题一定有其存在的必然性。大学组织在许多方面的趋同现象，比如专业设置趋同、办学定位趋同等，已被我国学者作为研究对象研究了十多年，其中很多学者已从高等教育学、高等教育管理学的角度提出了不少对策建议，但时至今日，乃至在可以预测的未来，大学组织的趋同现象并不会有削减之势。因此，从帕森斯(Talcott Parsons)“结构—功能”主义的观点看，大学组织的趋同已形成一种制度性的结构，实现了高等教育系统内部以及高等教育系统与社会关系的某些功能。一方面，大学组织的趋同加剧了大学之间的竞争，在一定程度上打破了计划经济时代高校之间“鸡犬之声相闻，老死不相往来”的条块分割局面；另一方面，大学组织的趋同，尤其是对同类成功高校的模仿性趋同，能加快提高一般院校的办学效率，促进高等教育系统的优化。从这个角度来说，大学组织趋同并不是非解决不可的严重问题。

在我国社会科学的研究中，传统的研究范式是“提出问题—分析问题—解决问题”，这一范式的优点在于能够在背景不是很复杂的情况下，快速地提炼出研究的问题，并能为决策者的决策提供现成的解决方案；但这一范式的缺点也很明显，如果问题的背景十分复杂，那么研究的问题与现实中所要解决的问题可能并不一致。在对待大学组织趋同现象时，有人认为这是一个亟须解决的问题，但大学组织趋同是否是一个“问题”还有待论证。因此，本书的研究着重于分析引起大学组织趋同现象背后的社会学原因与机制，并不完全遵从传统的研究范式。依笔者的拙见，如果从一个角度把问题分析透了，那么问题是否需要解决，或者说是否需要改善与优化，以及如何解决、改善与优化，就是水到渠成的事了。

大学组织的趋同现象，反映在发展目标、组织结构与办学行为几方面。以往的相关研究多是从高等教育管理学的角度进行分析，把大学组织某一方面的趋同当作大学发展战略或者高等教育系统中的一个问题去论述，存在着一定的局限性。笔者结合管理学、教育社会学与高等教育学的学科背景，拟从组织社会学的角度来揭示高等教育领域内大学组织趋同现象背后的形成机制，并从这些形成机制入手，提出一系列改善大学组织发展路径的政策建议。

第二节 研究的意义

社会科学的研究应当追求学术性价值与工具性价值的有机结合。本书一方面旨在发展社会学中有关组织趋同的相关理论；另一方面，也力求从社会学的角度深化对大学组织趋同的认识，以推动我国大学组织发展路径的改革，促进我国高等教育系统的优化。

一、发展组织趋同的相关理论

组织社会学专家周雪光教授在总结学术研究的贡献时，提出了以下几种研究的贡献类型：第一类是开创性的理论研究，通常这种研究提出了一个崭新的问题或者一个新的研究角度，或者一个新的解释逻辑，因而带动一系列的研究活动，形成了一个理论学派；第二类是研究方法上的贡献，诸如新的研究设计、研究的操作化、变量的测量等，新的方法可能会开辟新的研究空间；第三类贡献是对原来理论的进一步阐发、发展与完善，对开创性研究的理论逻辑进一步阐发，在操作性上加以推进等；第四类贡献是致力于不同流派之间的对比与融合，例如新制度学派与种群生态学派在研究工作中的结合；第五类贡献是在理论框架内进行了资料积累和实证研究，扩展了理论解释的空间与应用范围，拓宽了一个理论逻辑的研究领域和解释能力①。在组织社会学的研究中，研究人员普遍达成这样一个共识：即研究要有理论贡献。一是要求我们写文

① 张永宏. 组织社会学的新制度主义学派［M］. 上海：上海人民出版社，2007.

章、做研究要有理论关怀；二是要以原有的理论末端为出发点，解决之前的理论所没有解决的问题，要有所推进①。本研究所作的贡献主要体现在周雪光所提出的研究贡献分类中的第三至第五类。

首先，本书对原有组织社会学解释组织趋同的理论作了进一步的阐发、发展与完善。组织社会学关注组织趋同，主要是通过合法性机制来分析的，即组织之所以趋同，主要原因是追求组织的合法性。但这一理论忽视了效率机制的作用，尤其忽视了追求效率与寻求合法性之间在一致以及不完全一致时对组织趋同产生的影响。本书在这一方面作了较为具体的解释。其次，本书致力于比较与融合组织社会学中解释组织趋同的不同理论流派。对于新制度学派与种群生态论、新制度学派与资源依附理论，本书在研究大学组织趋同时将其有机结合。最后，本书将中国语境下的大学组织趋同纳入组织社会学关于组织趋同的研究中，扩展了理论解释的空间与范围，为验证理论提供了新的资料积累和实证研究。如果说学术研究的理论意义在于“积累知识”，那么本研究将努力在这三方面进行知识的积累。

二、推动大学组织的发展变革

英国著名学者阿什比（Eric Ashby）曾说：任何类型的大学都是遗传与环境的产物②。中国的大学组织自诞生之初就与西方发达国家的大学组织不尽相同。同时，中国大学所处的环境也与欧美国家的大学大相径庭。因此，当代中国大学组织的面貌、生存状态，乃至发展过程中出现的问题都具有中国语境下的独特性，大学组织的趋同现象也不例外。

学术研究的实践意义是指一项研究对于“现实社会问题本身”的价值，主要表现在“对现实社会问题的理性关怀”。中国大学在轰轰烈烈的大众化进程中，在发展目标、组织结构与办学行为等各方面均产生了一定程度的趋同现象，引起高等教育学术界与政策界的广泛关注，值得

① 任敏. 如何做中国组织社会学研究：2007 年“组织社会学工作坊”综述[J]. 社会，2008 (1)：212-221.

② 艾瑞克·阿什比. 科技发展时代的大学教育 [M]. 滕大春，等译. 北京：人民教育出版社，1983.

笔者运用组织社会学对这种现象进行“理性关怀”，以加深学界与政界对大学组织趋同现象的理解。首先，本书的研究能使学术界与决策者认识到组织趋同不仅仅是高等教育界的独有现象，在其他行业、领域，无论是公立机构还是私立机构、无论是非营利机构还是营利机构，均有可能出现组织的趋同。其次，本书结合中国大学组织的特征对大学组织趋同进行分析，能使学术界和决策者认识到中国大学组织趋同背后形成机制的独特性，包括强制性机制、模仿性机制、规范性机制发挥作用的空间与形式，都与欧美国家的大学以及中国的其他组织有一定的差别。其中有些差别是十分隐性的，深深地内嵌于中国的政治文化结构之中，很难被察觉。其三，本书关于大学组织趋同的分析，特别是对大学发展目标与办学行为趋同的分析，结合国际情况比较分析，能为我国大学的评价、分类以及规划提供切实有用的、内容丰富的政策咨询。

第三节　研究现状述评

一、关于组织趋同的研究

关于组织趋同的研究，以国外的研究居多，其中既有开创性的理论研究，也有突破性的实证研究。我国关于组织趋同的研究主要以实证性的理论运用为主，文献较少，但对本书的研究仍有重要的参考借鉴价值。

1．国外开创性的研究

国外的研究中，迈耶与罗恩以及迪马奇奥与鲍威尔的文章是具有开创性和奠基性的理论研究，托尔博特与朱克则对组织趋同的历史演变过程进行了实证分析，瑞夫与斯科特则对影响组织趋同的机制进行了分类，并据此做了一项实证研究。当然，运用组织社会学的理论进行实证研究的文献汗牛充栋，本书只选取其中较有代表性的文章加以评述。

（1）迈耶和罗恩的研究

迈耶和罗恩（Meyer，Rowan）于1977年在《美国社会学杂志》上发表的《制度化的组织：作为神话和仪式的正式结构》一文开创了组织社会学领域中的新制度主义学派。其核心命题是强调合法性机制

(mechanism of legitimacy) 在组织结构内部以及组织与制度环境互动中的重要作用。

迈耶观察到，美国的教育体制有许多特点，例如教育是每个州政府的责任，联邦政府没有管理教育的行政权力。有趣的是，教育机构虽然是分权的，但实际上各地教育体制的结构却非常相似，反映了制度趋同性的现象。另外，他还观察到，联邦政府给各地学区很多资源，比如学生的午餐是联邦政府出钱供给的。联邦政府在提供财政支持的同时提出各种制度化的要求，而各个学区接受政府财政支持的条件是必须符合联邦政府制定的所有法律，例如必须提供完整的财务报告，不能有种族歧视、性别歧视等各种规则。所以，联邦政府提供财政支持“利诱”各个学区接受其整套规章制度，导致组织趋同性现象，即各个组织（学区）在同时适应同一制度环境时表现出相同的行为①。

长期以来，组织研究领域中盛行的是效率机制的解释逻辑，即认为观察到的组织现象是组织追求效率的结果。但迈耶和罗恩的研究认为，许多组织制度与组织行为不是为效率所驱使，而是源于各种组织在当代社会中追求合法性以求生存发展的需要。迈耶提出：第一，我们必须从组织环境的角度去研究、认识各种各样的组织行为，去解释各种各样的组织现象。第二，如果我们要关注环境的话，不能只考虑技术环境，必须要考虑它的制度环境（institutional environment)，即一个组织所处的法律制度、文化期待、社会规范、观念制度等为人们广泛接受的社会事实。这一制度环境，即他们所指的合法性机制对组织产生了什么影响呢？一是组织之间的趋同现象，为了被制度环境认同，各个组织都采用了类似的结构和做法；二是组织之间相互模仿学习，这些模仿行为减轻了组织的动荡，因为它们扎根在制度环境里，得到了合法性，不容易受环境的冲击。这样，即便这些组织效率不高，它们也可能生存下去，因为合法性本身提高了组织的生存能力②。

---

① MEYER J W, ROWAN B. Institutionalized Organizations: Formal Structure as Myth and Ceremony [J]. American Journal of Sociology, 1977, 83 (2): 340-363.

② 周雪光. 组织社会学十讲 [M]. 北京：社会科学文献出版社，2003.

（2）迪马奇奥和鲍威尔的研究

如果说迈耶和罗恩是从强意义上讨论合法性对组织行为的影响，即认为组织结构、组织行为都是制度所塑造的，组织本身没有自主选择性，迪马奇奥和鲍威尔（DiMaggio，Powell）则是从弱意义来讨论合法性的。他们认为制度不是一开始就塑造了组织的行为，而是通过资源分配或激励方式来间接影响组织的行为选择。比如说，一个具有合法性的企业更容易提高知名度，更容易与其他企业相互交往，更容易获得资源，更容易得到政府的支持和承认，这就诱使企业采纳那些具有合法性的行为。

1983 年，他们在《美国社会学评论》上发表了《铁的牢笼新探讨：组织领域的制度趋同性和集体理性》一文，从组织间关系和组织场域（organizational field，即一组相关的组织所在的社会空间）的层次，进一步讨论了组织趋同性的渊源。他们研究发现，趋同现象起源于组织面临的制度环境，进而认为有三个机制导致制度的趋同性或组织形式、组织行为的趋同性：第一个机制是强迫性机制（coercive），即组织必须遵守政府制定的法律、法规，否则就会受到惩罚。强迫机制包括那些正式的和非正式的规则、法律和许可，这些共同构成了法律和政府环境。第二个机制是模仿机制（mimetic），即各个组织模仿同领域中成功组织的行为和做法，由于环境的不确定性，这些组织模仿成功组织的做法是比较安全的，模仿可以分为竞争性模仿和制度性模仿。第三个机制是社会规范机制（normative），即社会规范包含共享观念、共享思维，它诱使或迫使组织采取与其一致的形式和做法，以获得合法性，得到社会的承认。规范动力主要来自专业化、社会规则和行动准则①。正是因为这些机制的作用，我们常常观察到同一制度环境中的组织在内部结构、过程和行为诸方面有着趋同的趋势。

组织趋同现象主要研究组织内部结构以及组织行为的相似性或雷同

① DIMAGGIO P J，POWELL W W. The Iron Cage Revisited：Institutional Isomorphism and Collective Rationality in Organizational Fields [J]. American Sociological Review，1983，48 (2)：147-160.

性，但传统的统计研究方法主要测量差异性，对趋同或同形难以量化。因此，如何将“趋同”这一核心概念进行操作化、实证化就显得十分重要和迫切。一些学者在组织趋同研究实证化方面作出了开创性的尝试。

（3）托尔博特和朱克的研究

与过去的相关研究大多针对趋同性的静态描述不同，托尔博特和朱克（Tolbert，Zucker）是从历史演变的角度去研究趋同现象的。1983 年，他们在美国《行政科学季刊》上发表了《正式组织结构变革的制度根源：1880—1935 年公务员改革的扩散》一文，这篇文章对美国各城市实行公务员制度的历史过程进行了实证研究。美国各个城市从 19 世纪末期到 20 世纪 30 年代经过一个逐步演变的过程，基本采用了公务员制度。这是一个新的组织形式（公务员制度）制度化的过程。他们要解释的问题是：为什么各个城市采纳这个制度有早有晚？他们认为，组织趋同受到两个相互竞争的机制的影响。第一个机制是理性选择机制，即每个城市是否采纳、何时采纳公务员制度应该由其城市本身的特点来决定，这是一个竞争模仿和理性选择的过程。第二个机制是合法性机制，即一个制度在被“广泛接受”，成为社会事实之后就会转化为一个重要的制度力量，迫使其他组织采纳接受。当越来越多的市政府采纳了公务员制度后，这一制度就成为“广为接受”的理性组织形式，形成一种观念制度的力量。这时，城市的特点已不再起重要作用。所以，他们由此得出的结论是：采纳公务员制度在前期受理性选择机制的影响，后期则受合法性机制的支配①。

托尔博特和朱克的研究不在于理论贡献，而在于具体实证研究思路的突破。他们关心的问题不是趋同性的结果，而是从过程的角度来分析哪些因素导致趋同性变化的速度和方向。他们首先提出了测量“合法性机制”的操作化方法：即用已经采纳公务员制度的城市的比例来测量这一制度被“广为接受”的程度。也就是说，在不同的时间点上，在美国的 400 个城市中有多少城市已经采纳了公务员制度，依次来测定公务员

① 孙同全．组织趋同现象的社会学新制度主义解释——评介周雪光《组织社会学十讲》[J]．北京工商大学学报（社会科学版），2004（6）：90-92.

制度在当时被接受的程度。另外，他们提出的理性选择机制与合法性机制在不同阶段转换的思路，对随后的研究也产生了很大影响①。

(4) 瑞夫与斯科特的研究

瑞夫和斯科特 (Ruef, Scott) 在 1998 年发表了《组织合法性的多维模型：制度环境变迁中的医院生存》一文。他们的研究着眼于两种组织的合法性基础（管理合法性与技术合法性）产生与演变的因果关系以及它们对组织生存的作用。这篇文章提出了认识合法性的新角度以及测量合法性的新手段。他们提出，专业协会组织对医院的认证标准不同，有的强调管理行为，有的与技术内容有关，因而提供了不同的合法性基础。值得一提的是，他们运用因子分析等一系列统计手段建构了测量两种合法性基础的变量。

瑞夫和斯科特在研究中还特别指出，医院面临的认证来源特别多，可能（在分析组织趋同时）不具有代表性。当所有组织需要很多层面的合法性作为生存条件时，它们必须面对各种合法性来源并与它们交往②。这对笔者研究大学组织的趋同很有启示，因为大学组织本身所获得的合法性具有多种来源，既有政府的硬性法律政策规定，也有民间组织的大学排行榜，还有临时组建的高校评估组织考察标准。因此，对医院合法性来源的研究对于笔者研究大学组织趋同具有重要的参考价值。

2. 国内引介性的运用

我国学者对组织趋同的研究，多是将国外的理论研究运用于分析我国的企业组织，解释企业组织为什么存在某种形式的趋同现象。比如，对我国国企集团组织趋同现象的研究，对我国银行业战略趋同的原因与策略分析等。这一类研究具有较强的应用性，目的在于提供某种视角下的解释，但在理论拓展和实证研究方面尚无代表性的作品出现。

---

① 张永宏. 组织社会学的新制度主义学派 [M]. 上海：上海人民出版社，2007.

② RUEF M, SCOTT W R. A Multidimensional Model of Organizational Legitimacy: Hospital Survival in Changing Institutional Environments [J]. Administrative Science Quarterly, 1998, 43 (4): 877-904.

（1）对我国国企集团组织趋同现象的研究

有的学者对我国国有企业的组织形态进行了研究，认为我国国企集团在组织与治理结构上呈现出趋同化的现象。这种趋同最主要的目的不是增强竞争力或增加企业营运的效率，而是在快速变动与不确定性高的制度环境中取得生存的“合法性”。他们将组织趋同的理论应用于分析企业组织，得到以下观点：首先，与国家（政府）互动越频繁的企业，趋同化的程度越高。国家作为政策的制定与执行者对组织影响甚深。就企业而言，若其生产经营与国家关系密切，受政治的影响将会越大，组织会有趋同的趋势。其次，制度环境不确定性越高，企业越容易以另一成功的组织为典范而模仿之。在制度环境变动过大且信息不充分的情况下，企业为降低风险，会利用组织或人际关系网络学习在新制度环境下的其他成功者，以进行策略选择，完成组织目标。再次，企业成员教育背景越相似，则组织趋同性越高。当企业领导者或管理人员的教育与训练背景具有同质性，则面对同样的情况会有类似的选择。最后，企业依赖的重要资源越单一，趋同化的程度就越高。当资源稀缺或所有组织均依赖于某一种组织生存的重要资源时，因为面临相同的压力，往往会采取相同的对策，进而利用正式或非正式的手段影响权力分配以顺利取得资源。

此外，他们还从制度环境中的竞争趋同、强制趋同、模仿趋同和规范趋同四个方面对企业所造成的影响予以说明：①竞争趋同。强调环境中有限的资源诱因诱发了激烈的竞争，各组织为了争取相同的资源，会修正其策略，以求最有效地取得资源。②强制趋同。认为政府的行政强制导致企业组织结构趋同。③模仿趋同。当企业组织面临市场的不确定性或技术风险提高时，会复制其他成功企业的组织或行为。④规范趋同。领导者或管理人员的教育与专业训练具有同质性时，面对同样的状况会有类似的策略选择。最后得出结论：在我国国企集团的一些组建过程中，政府与国企互动关系的路径依赖、政策主导与上市集资的诱因，再加上一些地方政府急于摆脱国企负担所造成的相互学习与机会主义效应，仓促进行组织“焊接”，使得国企集团组织与治理结构趋同。这种不同组织的外形越来越趋同，主要目的不只是追求更高的效率，提高企业竞争力，而且是追求符合集体理性的做法，以强化其合法性，进而巩固其生存机会①。

(2) 对我国银行业战略趋同的原因与策略分析

对我国银行业发展战略趋同的分析是引介性质研究的另一例。组织生态学理论认为环境是主宰种群命运的绝对力量，因此生存在相同环境下而彼此条件类似的种群，在面临着相同的环境限制与压力时，自然会采取相似的手段，致使彼此的形式趋于相同。在我国银行业的发展过程中，来自制度环境的压力是迫使组织同形的主要原因。来自制度环境的同形有三：①规制同形。组织所依赖的客户、厂商或社会机构，对组织有许多期待或规范，组织为了取得正当性，并配合上、下游的要求，必须逐渐同形。我国的银行金融机构由于严格对分业经营进行限制，各银行只能从事相同的业务，而不能从事像保险、证券等多样化的业务经营，造成各银行之间经营业务趋同，这是我国银行业战略趋同的根本原因。②模仿同形。这种力量源自组织对未来不确定性的规避行为。当组织面对的环境呈现出高度的变动率与不确定性时，当经理人员不能确定什么是“适当的”策略，只好假定成功竞争者的策略在此环境下至少是“有效的”而决意加以抄袭，这种举动一方面规避了风险，一方面还能避免对手建立优势。③规范同形。由于时下教育体系与专业知识的统一，各银行的管理人员或研究人员大都受过相同的训练，具有类似的背景。由此，这些人员所作出的理性决策及策略选择也就大同小异。另外，相同的一批管理人员经由工作交流、用人与升迁、转职而散布到不同的银行当中，也将相似的工作方式、价值观传递到不同的银行中。在相同的压力下，这些银行自然会有相同的反应而趋向同形。

如何避免银行业因战略趋同而导致的恶性竞争，生态位的错位竞争理念不失为一种好的经营策略。错位竞争包括寻找原始的生态位和避免生态位重叠两层含义。寻找原始生态位，即寻找市场空当，是各家银行的第一选择，某家银行在刚开始进入某个市场领域时，往往没有竞争对

① 黄大柯，王艺明．我国国企集团组织趋同现象研究［J］．云南民族大学学报(哲学社会科学版)，2005 (5)：59-62.

手，形成原始生态位或者竞争前生态位。但是，只要市场是开放的、均衡的，很快就会有其他竞争者大举进入该市场，形成生态位的部分重叠。如果市场容量极大，大家尚能暂时相安无事；但随着市场份额的相对缩小，竞争就会日趋激烈，这时银行业的战略就要转移到减小生态位重叠度上来。正如现代竞争理论所指出：只要有可能，就应该避开竞争对手的制约，避免双方无谓的争夺，这对任何一方都有利。因而，减少生态位重叠的主要途径就是采取错位的、差异化的竞争策略①。

这两篇国内的文章尽管只具有理论引介的性质，但可以看出我国学者已尝试着将国外的组织社会学理论用于分析我国企业组织发展中的某些问题。正如国内社会学界所指出的，中国的社会学研究要“面对中国社会的真问题，与西方社会学前沿理论开展有建设性的对话”。与企业组织相比，我国的大学组织趋同现象更为明显，从某种程度上说，大学的过度趋同造成的危害性影响也更为长远。因此，在分析我国大学组织的种种现象和行为时运用组织趋同理论，无疑具有十分重要的意义。

二、关于大学组织趋同的研究

大学组织趋同的概念最初是由瑞斯曼（David Riesman）提出来的，他通过对高等教育系统的观察，认为“毋庸置疑，国内的学院和大学相互模仿……每个人都应当注意趋同的范围”。他把趋同描述成形成“宛如游蛇”一样的学术过程，如同蛇的尾巴最终要遵循舌头的路径。处于层级位置底层和中层的组织模仿处于顶层位置的组织的行为，结果组织之间的形式和特征差异越发模糊②。瑞斯曼能在20世纪50年代敏锐地观察到美国高等教育系统中的趋同现象，是难能可贵的。这篇文献使我们了解到，努力追求学术上的卓越并不是中国大学独有的现象，可以说，大学组织追求学术卓越方面的趋同是大学与生俱来的一个特点。

马丁·特罗对于院校趋同现象也作过论述。他认为，“高等教育的竞

---

① 王发明，蔡宁．基于组织生态学视角的我国银行业发展战略研究［J］．中国矿业大学学报（社会科学版），2006（1）：60-63.

② RIESMAN R. The Academic Procession: Constraint and Variety in American Higher Education [M]. Lincoln: University of Nebraska Press, 1956.

争一方面越来越导致多样化，另一方面又越来越导致同一性，这确实有些自相矛盾。一方面，由于高等教育部门内部的院校在市场竞争中取得的成果不同，同时由于地位较低的高等院校和高等教育部门在同其他院校竞争时为了在市场上获得优势所运用的‘边际差别’的结果不同，就使这些院校变得越来越多样化了。另一方面，高等院校的相互竞争以及地位较低的院校对地位较高的院校的模仿，使整个高等教育系统的差别又趋于缩小，向着名牌大学的特点和风格发展。高等院校的竞争促使第二流和第三流院校、新院校和新的高等教育部门逐渐向尖子院校的学术形式和风格、课程和办学标准方向发展，这种现象随处可见”①。特罗的话可以被理解为，高等院校的趋同是自然发展的规律，是在激烈的院校生存竞争中产生的，这符合美国高等教育发展的轨迹。因此，至少在美国，高等院校的趋同是发展过程中的常态现象。特罗还将院校趋同的原因主要归结于模仿，这又是不全面的，因为制度环境所导致的趋同的形成原因较为复杂，并不仅仅是模仿性机制所导致的。

近几年来，我国学者对大学组织趋同的现象、类型、原因以及机制也展开了研究。卢彩晨对大学趋同现象进行了全面客观的分析，指出当前我国大学趋同主要体现在办学目标、办学层次、专业设置和培养方式等方面的趋同化，这种趋同具有历史必然性，适度趋同具有一定合理性，而过度趋同则会产生许多不良后果。从近期来看，大学生结构性失业问题将逐渐显现，本已严峻的就业问题雪上加霜；从长远来看，大学缺失个性，将难以跻身于世界一流大学行列②。卢彩晨的研究明确以大学组织趋同为研究对象，具有创新性；但对于大学组织趋同的现象分析还不够深入——这提示笔者，对现象的把握仍是第一位的，对现象不仅需要罗列枚举，还需要分类、结构化。此外，社会学对组织趋同的研究相对于管理学、高等教育学，所具有的政策含义是不完全相同的，提出对策的层次也稍有区别，而不应将对策泛化，要有针对性和可操作性。

---

① 伯顿·克拉克．高等教育新论——多学科的研究［M］．王承绪等，译．杭州：浙江教育出版社，2001．

② 卢彩晨．论大学趋同现象［J］．大学（研究与评价），2008（4）：14-18．

还有学者对不同类型的大学组织趋同现象进行了分析：俞俏燕、邬大光撰文对单科性院校的趋同现象进行了探讨，通过对理工、农业、林学、财经、语言五类单科性院校不同时期的专业设置情况及不同年份的专业设置变化的比较，揭示了单科性院校发展的趋同现象，分析了其趋同的程度及过程，认为教育经费短缺、高等教育规模扩张等因素造成了高等院校的趋同性①；徐静镠则专门对财经类本科院校的办学趋同现象进行了分析，通过对我国45所财经类全日制本科院校网站的访问调查，从办学规模、办学层次、学科定位等方面进行比较分析，揭示了目前我国财经类本科院校存在办学趋同的现象，认为高等院校自身利益诉求、高等教育资源短缺、传统办学理念和管理体制的制约，以及社会对高等教育需求和期望的误导，共同造成了这一趋同现象②；王占军则以师范院校为分析单位，研究了大学组织趋同的现象与机制，他认为师范院校的趋同主要表现为办学定位、学科专业设置、人才培养模式和教师管理上的趋同化。大学组织之间资源来源的单一化、专业设置政策的同一化，以及评价政策缺乏针对性的分类等问题，导致存在着简化对象的倾向，这都在客观上造成了院校的趋同③。

上官剑在《高校定位中的错位与越位》一文中分析了我国高校组织趋同的类型。他认为，高校组织的趋同根据它模仿的对象不同可以被分为三种类型：普遍的一种就是备受指责的“攀比”类型，这是一种“向上”的趋同。社会学学者对这种组织趋同现象有着正面的分析：一些组织经常模仿同领域中成功组织的行为和做法，一个重要的原因就是环境的不确定性。当环境不确定时，各个组织不知道什么是最佳方案，通过模仿其他成功的组织可以降低不确定性带来的风险。另外，还有两种经常被忽视的趋同现象：一是模仿同等类型的学校，比如开设相同的专业

① 俞俏燕，邬大光．我国高等院校趋同现象解析——以单科性院校发展为例[J]．大学（研究与评价），2007（1）：9-20．

② 徐静镠．我国财经类本科院校办学趋同现象解析[J]．华东经济管理，2008（8）：117-120．

③ 王占军．大学组织趋同的现象与机制——以师范院校为分析单位[J]．中国高教研究，2008（6）：8-11．

和课程、引进相同的人才等；二是模仿地位不如自己的学校，比如很多大学在其外围开设了很多的自考助学班、职业培训班等。这两种可分别被视为“同位”趋同和“向下”趋同。这三种类型在很大程度上造成了高校组织间的相似性①。上官剑的研究从高校定位的视角，将组织趋同的模仿机制在方向上进一步分类，对趋同的类型进行了深入分析。

关于大学组织趋同的原因，有研究认为：一是高等学校举办者的办学目标过于笼统；二是国家的相关政策激发了学校的升级情结；三是国家政治、文化因素的影响；四是人才市场的发育不充分、不健全②。有研究归因为：一是追求更好的心理；二是传统教育观念的影响；三是为了获得更多的社会资源；四是不恰当的政策导向③。也有研究强调社会文化心理的影响④。这些研究基本上属于对影响高校组织趋同的因素进行分析。可以发现，这些研究中的因素分析往往缺乏全面性，其中有的因素还相互重合。

为了加深对大学组织趋同现象的认识，有学者从社会学的角度对趋同原因进行了深入探讨。张清以社会理性与组织理性的关系为视角，对大学组织理性与社会理性的关系进行了研究，指出大学组织理性与社会理性的类型关联和一致性因果关联是大学趋同的普遍性前提机制，而社会理性的强制机制与大学组织理性的合法性诉求机制是促使我国大学趋同的现实因素⑤。吴慧平则从效率机制与合法性机制的关系出发，指出我们不能将大学组织的趋同性行为简单地理解为一种追赶潮流、头脑发热的表现，而要意识到大学作为一个社会组织的发展与变革，除了关注

① 上官剑．高校定位中的错位与越位［J］．黑龙江高教研究，2007（4）：18-20.

② 王义遒．我国高校恰当定位为什么这么难［J］．高等教育研究，2005（2）：1-5.

③ 赵婷婷．大众化进程中高校的分化与趋同［N］．中国教育报，2005-07-15（3）.

④ 朱新卓．论社会文化心理对高校定位的影响［J］．现代教育科学，2002（11）：47-49.

⑤ 张清．高校趋同化发展缘由的组织社会学透视［J］．教育评论，2006（5）：7-10.

组织内部技术环境的效率机制之外，还要考虑外部制度环境的合法性机制。因此大学组织的趋同行为可以被理解为大学为其合法性存在而寻求辩护的一种理性选择①。

关于大学组织趋同的机制，多数学者借鉴迪马奇奥和鲍威尔提出的三种机制，分析了大学组织趋同的过程。如姜华用三种机制解释了民办高等教育组织的变迁过程：一是强迫性机制，民办高校在招生计划、收费标准、土地使用、学生就业等许多事情上都要同政府机关打交道，为了取得合法性，民办高校要调整自己的组织结构和行为模式来适应政府的要求，这些来自政府管理部门的压力，使民办高校的组织同形；二是模仿机制，由于目标的模糊性和外部环境的不确定性，民办高校之间相互模仿、相互学习，特别是对成功学校的模仿促成学校之间的趋同，同时，民办高校还模仿公立高校的组织结构、管理模式和行为方式；三是社会规范机制，高等教育专业性很强，要求民办高校遵守学术标准和职业规范，在专业化程度逐渐提高的过程中，民办高校的组织形式日渐趋同，并趋向于公立高校②。卢彩晨在分析大学组织趋同的机制时，除了运用强迫性机制、模仿机制、社会规范机制以外，还提出了第四种机制，即市场诱导机制，由于市场的巨大诱惑力，组织盲目追随市场而走向趋同，认为大学组织趋同是这四种机制共同作用的结果③。

综上所述，中外学者已经开始关注大学组织趋同的现象，但其研究中仍存在一些不足：第一，研究很少是从组织社会学的角度开展的，因此对大学组织趋同现象缺少社会学的理论关照。第二，研究多出自组织社会学的新制度主义学派，但组织趋同现象不仅是新制度主义学派的研究领域，同时也是种群生态学派以及资源依附理论的研究对象，这些理论对组织趋同的解释有一定差别，但均有较强的说服力。因此，应将这

① 吴慧平．大学组织变革趋同的社会学思考［J］．高教探索，2007（2）：28-30.

② 姜华．从新制度主义的视角看中国民办高等教育组织的变迁［J］．辽宁教育研究，2007（4）：31-34.

③ 卢彩晨．论大学趋同现象［J］．大学（研究与评价），2008（4）：14-18.

些学派的理论糅合进对大学组织趋同的研究中。第三，研究还欠缺对大学组织趋同现象的全面分析，有的只是简单枚举大学办学行为的趋同现象，有的只是专从大学目标定位上谈趋同。大学组织何以日益趋同？是大学相互模仿，还是别有他因？如何认识大学的趋同？大学趋同是一种盲目的从众行为，还是组织的理性选择？面对大学趋同，大学在未来应如何把握自己？这些都是尚需深入思考的问题。

三、关于大学组织的社会学研究

关于大学组织的研究，源于高等教育学或教育管理学的较多。这些研究多是从提高大学教学科研与社会服务的水平、提升大学管理效率、促进大学目标实现的角度进行的。通过社会学的视角对大学组织进行研究，在国内尚不多见。已有的关于大学组织的社会学研究，一般分为两个层面：第一个层面的研究往往是围绕大学组织的某一方面、某一问题开展的，具有十分明显的微观分析特征，从严格意义上说，这方面的研究还不是以组织本身为分析单位，但可以加深我们对大学组织的社会学理解；第二个层面的研究是将大学作为一个组织，从宏观的视角研究大学组织的结构、某一类大学组织的运行特点以及大学组织与社会环境之间的关系。本书选取这两个层面的较有代表性的研究成果，进行文献综述。

1．关于大学组织的微观社会学分析

龚波、周鸿在运用组织社会学的视角分析大学教师流动的微观机制时指出：从流动实质上讲，兼具“社会人”和“学术人”双重性格的大学教师与大学之间存在一种主观与客观的“人和组织”的博弈关系；从过程上讲，大学教师流动经历了酝酿阶段、讨价还价阶段、流动执行阶段和反馈阶段等过程，不同阶段各方力量的行动策略也有不同；从针对性建议上讲，大学教师流动要从教师自身层面、大学层面、国家层面及微观管理层面等加以完善和改进，其中既有理念上的也有现实上的，有管理上的也有文化上的①。这篇文章对大学组织运行过程中的教师流动

① 龚波，周鸿．大学教师流动的微观机制分析：一种组织社会学的视角［J］．教育学报，2007（1）：37-46．

与管理问题进行了较为细致的社会学分析，并从组织社会学的角度提供了一系列的建议。实际上，大学教师的流动在各大学之间已经形成了一定的趋同现象，因此，他们的研究为本书提供了一个微观上的案例。

周玲在对大学组织冲突的研究中，通过角色、权力与文化的视角，深入大学组织内部，阐述了大学组织中的角色冲突、权力冲突与文化冲突。她分析了大学组织中学术人员的生存状态及角色责任，以及学术人员与行政人员角色之间的冲突。比如，在谈及创建世界一流大学的目标时，行政人员将它看作实实在在的数亿元投入和显赫的地位、声望甚至是国家利益，学术生产者将它看作崇高的学术目标和对人类社会的责任与贡献，需要一定的学术自治和学术自由作为制度保障。又比如，在对待大学科研的目的与过程方面，学术生产者认为科研的目的就是科学研究本身，并不在其自身之外附加什么目的；但行政人员往往认为科研的目的就是“拿大奖、出大文章、产生亮点、标志性成果”，换句话说，科研就是一定要见成果、见成效。再比如，对教师和管理者的角色认知方面，现实中常常是行政主导，管理者决策，强调秩序、提高组织绩效，对教师的评价从管理出发多，从学术生产的特殊性出发少①。周玲所开展的关于大学内部角色冲突的研究，为本书科学地理解大学组织中教师的约束与激励趋同提供了背景知识。在论及大学组织决策中的冲突时，她认识到大学组织的复杂性以及组织决策的有限理性，指出有可能在问题还不是十分清晰时不合理的决策方案就已经被作出。办学过程中“跟风跑、赶潮流、简单模仿、盲目攀比”现象十分严重，即便是研究型大学也严重趋同、失去特色②。她将大学组织办学行为的趋同现象理解为大学管理决策上的缺陷，从高等教育管理学上来讲有一定道理，但笔者认为仅从大学组织内部来解释大学组织的趋同现象是不足的，大学之间的模仿攀比、趋同更多地是大学组织为适应外部环境而作出的理性

① 周玲. 大学组织冲突研究：角色、权力与文化的视角［M］. 北京：中国社会科学出版社，2007.

② 周玲. 大学组织冲突研究：角色、权力与文化的视角［M］. 北京：中国社会科学出版社，2007.

选择。

2. 关于大学组织的宏观社会学分析

刘广明运用组织社会学的视角，对大学边界的形成与功能进行了分析。他认为，组织边界表征着组织的形象与特征。大学作为一种学术性组织，其边界是大学与外部环境之间的分界线。组织社会学中的权变理论、交易成本理论、资源依附理论、新制度理论以及社会网络理论均能解释大学组织的边界问题。大学边界的设置主体不同，“自设型”大学边界由大学自身确定，确定了大学应该从事什么活动，这是一个历史动态的概念；“外设型”大学边界由大学外部的政府、组织与个人设定。其中政府规定的边界是强制性的，由大学外部的组织与个人规定的边界是象征性的或心理上的；“契约型”大学边界是大学与大学外部的组织与个人就合作达成协议而形成的分界线。刘广明还提出了一种“关系型”大学边界，它是由大学与外部环境中要素的“关系”互动频率、沟通方式的特征而设置的。大学要生存，必须与外部环境要素发生“关系”①。他援引美国社会学家珍妮·H. 巴兰坦（J. H. Ballantine）的话：影响高等教育系统的环境压力来自政府、法院、教师组织、出版公司、教堂、社区、家长以及其他利益群体。不理解它们的环境，我们就不可能理解高等教育的运行机制。高等教育机构一直在为生存而奋斗，而环境中对其生存至关重要的某些因素极大地影响着决策与变革②。这段话对我们理解大学组织的运行以及本书中所研究的趋同现象具有极大的启示，它昭示着我们研究大学的趋同现象时不能仅仅从大学内部的管理进行分析，而要把大学放在其所处的环境中去理解。

李爱民运用社会学的理论对中国的公立大学组织进行了分析。他认为，中国的公立大学组织明显不同于西方大学组织。党群系统、教学研究系统与行政后勤系统“三足鼎立”式的组织结构是中国公立大学组织的鲜明特点。大学组织的核心技术是“研究高深学问”，这一特点已经

---

① 刘广明. 大学边界的形成与功能：组织社会学的视角 [J]. 郑州大学学报（哲学社会科学版），2008 (3)：104-107.

② 巴兰坦. 美国教育社会学 [M]. 刘惠珍，等译. 北京：春秋出版社，1989.

在公立大学的改革发展中越来越受重视；但公立大学还具有鲜明的、类似于党和政府组织的“行政”属性，而且大学在行政之外还存在一个结构严密的党群系统。公立大学具有“社会系统化”特点，指的是大学组织结构类似于整个社会大系统的结构，呈现出“小社会”现象。根据结构功能主义的视角可知，第一，中国的公立大学具有高等教育功能。第二，具有特殊的社会功能，发挥了一些本应由其他社会组织发挥的功能，如教职工住房、医疗、子女教育等，这些特殊的社会功能并不完全取决于大学领导人的主观意愿，它是由大学的生存环境所决定的。它是形成校内职工凝聚力的一个十分重要的手段，在物质激励匮乏、社会基础设施不完善、服务条件不足的情况下，弥补了社会功能的不足，保证了职工对大学管理者的忠诚。第三，中国的公立大学发挥着独有的政治功能，要接受上级行政领导机关的领导，大学在国家面前的地位是由其行政级别（不同类型高校的行政级别不同）、隶属关系来决定的。中国公立大学的这三种功能对应着其“三足鼎立”式的组织结构，具有一定的合理性。大学不仅是人才培养与学术生产单位，也是一个政治单位和生活单位。大学的每一个行动都是执行某一种特定功能的表现，在大学的“结构—功能”系统未发生质变和转型时，大学的行动模式是不会有根本性变化的①。李爱民的研究对本书研究大学组织的趋同性具有重要的参考价值。要了解我国大学组织的趋同，我们首先要了解大学的一般功能以及我国大学的独特功能。第四，研究大学组织，就不能不对这一组织相对于其他组织的特殊性进行深入的探究，而他的这篇文章于此具有一定的代表性。第五，“结构—功能”的分析范式作为社会学的传统，在理解现代组织变革发展时仍具有强大的适用性与生命力，本书在研究大学组织趋同时，不能忽略大学目标表述趋同、组织结构趋同以及办学行为趋同背后的“结构—功能”合理性。

上述关于大学组织的社会学研究为我们指引了方向，一方面，将大学看作一个组织，从组织目标、组织结构、组织行为、组织文化、组织

---

① 李爱民．对中国公立大学组织的社会学分析［J］．现代大学教育，2007(3)：10-14.

冲突、组织变革等多个维度去看待大学组织中发展的种种现象及问题，无疑会扩展我们的视野；另一方面，从社会学的视角出发，用社会学的理论、社会学的思维、社会学的方法去分析和研究问题，无疑会加深我们的认识。

第四节　研究视角与研究方法

一、组织社会学视角的切入

董泽芳教授在《博士学位论文创新的十个切入点》一文中指出，博士学位论文创新的切入点主要反映在探索未知的新领域、论文选题的新高度、文献资料的新发现、观察问题的新视角、概念术语的新阐释、谋篇布局的新思路、研究方法的新探索、学科知识的新融合、理论观点的新突破以及成果应用的新价值十个方面。其中，他特别强调观察问题的新视角。立足于特定的学科视角来考察某一社会现象或社会问题，既是必要的也是合理的。任何事物的发展都具有复杂、多维的属性。如果只从已有视角去观察，往往只能看到别人已经看到的某一个侧面。如果能够转换观察视角，就可以引出新发现、得出新结论①。

对于组织现象的研究，大多数学者习惯于从传统管理学的角度，即从组织内部的结构、领导、激励和控制等方面进行研究，对于组织与其生存的环境、组织与组织之间的关系，以及为什么许多不同类型的组织却有着相同或类似的结构这类问题，传统的管理学没有给出系统的答案。要回答上述问题，需要跳出组织之外，在组织及其环境、组织与组织之间寻找答案。在这一方面，组织社会学为我们分析大学组织现象提供了一个新的研究视角。

1．怎样理解组织社会学的视角？

组织研究是一门跨学科的领域，涉及社会学、经济学、心理学、政

① 董泽芳．博士学位论文创新的十个切入点［J］．学位与研究生教育，2008(7)：12-17.

治学等诸多学科的研究工作。现在，很多社会学科对于组织的研究已经展开，如经济学内的研究形成了组织经济学，心理学内的研究则形成了组织行为学。社会学的研究与其他学科不同，它是从综合全面的立场上进行的。组织社会学认为任何社会组织都存在于一定的社会之中，它要和社会环境发生联系，与社会环境相互影响、相互制约。因而，组织社会学研究社会组织时要联系社会环境进行，研究组织与外部社会的关系。邱泽奇认为，组织研究的核心是对一些基本关系的讨论，其中涉及四个层次的基本关系：个体与职位间的关系、职位与职位间的关系、职位与组织的关系以及有边界的组织与环境的关系①。前三个层次的关系可以用经济学、心理学（在组织研究中往往称为组织行为学）来阐释，但最后一个层次的关系则必须用社会学的理解来解释。组织社会学是从社会学的角度去研究、解释组织现象的一门交叉学科。与经济学研究中从个体主义出发的方法论不同，社会学关注问题的视角是整体的、结构的。这种独特的研究视角使得社会学在组织研究中占据了优势，因为组织研究强调的正是整体、结构、功能以及冲突，而经济学、心理学对组织的关注仅限于激励、约束等组织内部事务。

组织社会学最重要的特点之一是应用性很强。笔者相信，一个理论或研究不能帮助我们分析、解释在日常生活中观察到的现象，那么我们有理由怀疑它的价值，所以鉴别一个组织社会学的理论的优劣，首先看它能否真正解释现实的组织现象。这个重要特点使得组织社会学从相对年轻发展到比较成熟。组织社会学自20世纪50年代发轫以来，已从一开始相对贫瘠的状况发展为“20世纪后半期最为活跃的学术领域之一”②。20世纪70年代后，组织社会学迎来发展的辉煌时期。在这一时期内，组织社会学的研究集中在“组织与环境之间的关系”这一主题上，且形成了为数众多的学术流派。如在1977年提出的新制度学派

① 任敏．如何做中国组织社会学研究：2007年“组织社会学工作坊”综述［J］．社会，2008（1）：212-221．

② 斯科特．对组织社会学50年来发展的反思［J］．李国武，摘译．国外社会科学，2006（1）：7-14．

(New Institutionalism) 和种群生态学派[①] (Population Ecology) 已发展成为有独立完整理论体系且研究工作持续不断的理论流派。资源依附理论 (Resource Dependence Theory) 以及组织决策过程理论 (Decision-Making Procedure Theory) 也是在这一时期发展成型的。可以说，没有哪一门学科对"组织与环境之间关系"的研究能超出组织社会学。

2. 为何选取组织社会学的视角？

分析大学组织的趋同现象时，首先，要在分析层次上站在群体性质的组织场域（环境）中。管理学中的利益相关者理论 (Stakeholder Theory) 认为，对于与某组织发生关联，其利益受到此组织影响的人或组织（即利益相关者），在研究组织行为时都要考虑到。这一点提示笔者，在研究大学组织的趋同上要站在组织场域的高度，全面分析大学与其利益相关者的关系，大学的利益相关者包括政府、企业、高中、教学科研人员、学生及学生家长等多个方面。要在这样复杂的组织场域中研究大学的趋同现象，就必须采用组织社会学的视角。

其次，要考虑到促使组织趋同的因素繁多、作用机制差异较大，因此无法使用简单的因果分析。采用组织社会学中的"因果机制分析"可以避免上述限制。机制是指两个事物间可能存在的因果关系。机制分析的好处在于，在当今组织外部环境与内部结构日益复杂的情况下，它强调分析组织趋同的过程，而不直接给出因果关系。举例来说，大学组织趋同至少可以分为目标、结构与行为三个方面，而造成这三个方面趋同因素的作用机制并不完全相同，且同一机制可能造成上述三个方面的趋同。对于这种"一对多"与"多对一"的因果关系，从组织社会学角度分析起来较为方便。

再次，大学组织的趋同现象，说到底是一个高等教育系统内的组织现象，而不是一个管理学现象。比如，一些高校大举借债圈地办学的现象、纷纷设立热门专业的现象、高校在应对教学评估时的形式主义现象、京外的部属高校普遍加强驻京办事处力量的现象等。这些现象并非

① 种群生态理论的代表作参见：HANNAN M T, FREEMAN J. The Population Ecology of Organizations [J]. American Journal of Sociology, 1977, 82 (5): 929.

仅发生在一个组织之中，而是在一个时间段中高等教育系统内各个大学之间的趋同现象。当一种行为在组织之间具有普遍性的时候，它就不仅仅是一个组织内部的管理学问题了，我们理应思考这种趋同行为背后的制度因素。运用组织社会学的相关理论与解释逻辑，利于对此进行较好的分析。

最后，选择组织社会学作为大学趋同现象的研究视角，也与笔者个人的学术经历有关。笔者在本科所学的专业为公共管理，核心课程包括管理学、公共行政学与组织行为学。管理学中分析组织时大多时候没有跳出组织的边界，更不可能研究组织之间的趋同现象。在读硕士期间笔者选取高等教育学作为研究方向，发现高等教育学中的问题实际上是多学科的①，高等教育在更多的时候是被作为一门研究领域出现在社会学、经济学以及其他社会科学中，大学组织的趋同也是其中的研究问题之一。在读博士期间，笔者选取教育社会学为研究方向，从教育社会学这门交叉学科中获取了许多学术养分。因此，选取组织社会学视角研究大学组织趋同现象，是建立在笔者多学科学术背景基础之上的。

3．如何运用组织社会学的视角？

如前所述，组织社会学以组织为研究对象，从社会学的角度关注组织目标、组织结构与组织行为。那么在分析大学组织的趋同现象时，如何较好地运用这一视角呢？这要求笔者在以下几点上下一番功夫：

一是要在研究中全面梳理关于组织趋同的理论，对组织趋同现象进行“比较理论分析”。组织社会学中的不同理论流派对于组织趋同现象的观点是不一样的，即使是同一流派中的学者对于组织趋同现象的解释在不同时间也不是完全一致的。因此，有必要对这些理论流派将组织趋同作为研究对象时的分析逻辑、前提假设作出全面的交代。在比较它们之间异同的基础上，选取能够解释中国语境下的大学组织趋同的理论框架，并进行一定程度的修正，才不会落入“理论与实践两张皮”的常见研究谬误中去。

---

① 潘懋元．多学科观点的高等教育研究［M］．上海：上海教育出版社，2001．

二是要在研究中分析大学组织趋同的原因时，做到因素分析与机制分析相结合。因素分析是常见的社会科学研究思路，把影响一个现象（问题）的若干因素列出来，固然能够使人对现象（问题）背后的原因有一定程度的了解，但如果不将这些因素的作用机制分析透彻，人们对如何避免出现这种现象（问题）仍然会理不清切实有效的对策思路。例如，当我们分析大学组织趋同的四种环境因素时，要进一步对每种因素的作用机制进行阐释。只有将因素分析和机制分析相结合，才能使研究有说服力。

三是要在研究中进行实证分析，贡献自己的实证材料。理论猜想是廉价的，得之容易，而要把这些想法付诸实证研究却是难上加难。由于知识结构的缺陷，许多社会科学研究人员对实证研究方法了解不多，部分人甚至将理论研究与实证研究割裂开来，只进行定性的“理论研究”，只注重“亮观点、讲道理”，不注重“摆事实、拿数据”，因此，做出来的研究成了“宏大的叙事”。还有一些人认为，只要拿出定量的数据、画出图表、提出一个模型，就算是实证研究了，而个案分析、文本分析等就不算是真正的实证研究，这更加背离了实证研究的本意。尽管笔者只是实证研究方法的一个初学者，但本书的研究力图做到实证化，并避免犯前述错误。

二、多元研究方法的选择

关于研究方法的选择，风笑天先生曾经给出十分有启发性的评论：世上没有最好的方法，只有最合适的方法①。换言之，研究方法本身没有好坏之分，只存在运用得是否合适的问题。在研究方法上，本书力求广泛运用多学科知识和多种研究手段，做到理论研究与实证研究相结合、宏观研究与微观研究相结合、定性研究与定量研究相结合②。具体的研究方法主要有：

① 风笑天先生是在2000年4月的华中师范大学中国农村问题研究中心举行的一次研究方法研讨会上提出这一观点的，笔者深为赞同。

② 董泽芳，胡春光．从二元对立到多元综合——教育社会学方法论的历史演变[J]．华中师范大学学报（人文社会科学版），2006（6）：128-135.

1．调查研究法。调查研究法是在科学方法论和教育理论的指导下，通过运用问卷、访谈、测量等科学方法，有目的、有计划地搜集有关问题或现状的资料，从而获得关于现象的科学事实，并形成科学认识的一种研究方法。本书通过对我国大学在目标表述、组织机构设置以及办学行为的量化资料的调查，来搜集相关数据。调查得来的资料有一部分是数据，还有一部分是文本资料（如调研报告、学校的发展规划等），通过这些资料，笔者对我国大学组织三种趋同的概念进行了操作化定义。调查研究的两种主要方法是访谈法与问卷法。问卷法因涉及大量样本的选取以及调查成本问题，因此在本书中予以舍弃。本书中主要采用访谈法来搜集资料。对于资料的处理，本书主要使用文本分析法，即通过对所搜集文本的分析，尝试发现我国大学组织是否存在组织趋同现象，以及随着时间变化我国大学组织的趋同程度的变化情况。

2．比较研究法。比较研究法即把两种以上的制度或现象，加以有计划、有目的的叙述、对照、分析、探求、批判，找出其中的异同优劣，发现趋势或提炼出原则，作为解决有关问题或改进建议之参考。比较研究在高等教育研究中具有十分重要的意义，因为高等教育在发达国家已经有过大众化乃至普及化的经历，在中国其目前仍处于大众化阶段，借鉴发达国家好的做法可以少走一些教育发展的弯路，十分有必要。本书中所阐述的大学组织趋同现象，在20世纪中期的美国也曾出现过，但随着教育的发展与改革，其过度趋同的现象已经消失，代之出现的是高等教育的多样化。因此，本书拟将中、美大学的组织趋同现象作一比较，全面分析两者背后的因素与作用机制，为我国高等教育系统的优化提出可供操作的建议。

3．文献研究法。文献是把人类知识用文字、图形、符号、声频、视频等手段记录下来的东西。文献研究法就是对文献进行查阅、分析、整理并力图找寻事物本质属性的一种研究方法。文献研究可以全面正确地掌握所要研究问题的情况，帮助研究人员选定研究课题和确定研究方向；可以为教育研究提供科学的论证依据和研究方法；还可以避免重复劳动，提高科学研究的效益。本书作者所查阅的文献包括专著、论文、调查报告、档案材料等以作者本人实践为依据而创作的原始文献，还包括中国教育统计年鉴、教育经费统计年鉴在内的二次文献。文献研究为本书中的研究提供了背景知识以及相关数据。

第五节　研究框架与创新之处

一、研究框架

第一章是导论部分，在这一部分里，首先探讨了选择“大学组织趋同现象的社会学分析”为题的研究背景，以及此选题的理论意义与实践价值；其次，从有关组织趋同的研究、有关大学组织趋同的研究、关于大学组织的社会学研究三个方面梳理了相关的文献；然后分析了为何选择从组织社会学的视角来研究大学组织趋同，以及在研究过程中几个值得注意的问题；最后，总结了本研究的几点可能的创新之处。

第二章中讨论了有关组织趋同的理论基础。首先，对文章的核心概念——组织趋同进行了阐释；然后论述了导致组织趋同的两种解释逻辑——效率机制与合法性机制；随后论述了组织趋同的类型划分——竞争性趋同与制度性趋同，并解释了这两类趋同内在逻辑的不同；最后，在分析我国大学组织特性的基础上，构建我国大学组织趋同的理论框架。

第三章中对我国大学组织的趋同现象进行了全面分析。首先，我国的大学组织在目标表述上趋同甚多；其次，我国的大学在内部组织结构上也走向趋同；最后，我国的大学组织在办学行为上的趋同现象极为普遍。关于这三个方面的趋同，笔者在本章里还作了进一步的分类。

第四章中主要分析了导致我国大学组织趋同现象的因素与作用机制。本章从管理体制、教育政策、外部评价与文化观念四个方面探讨了影响我国大学组织趋同的因素，并结合强迫机制、模仿机制与规范机制，综合实证资料，分析了上述四个方面的因素是如何对大学组织趋同起作用的，本章与前两章构成了本研究的主体部分。

第五章中对美国20世纪60年代高等教育系统内的大学组织趋同现象与目前我国大学组织趋同现象进行深入的比较分析；并以加州高等教育总体规划为例，讨论了美国应对大学组织趋同现象的相关政策。

第六章中对我国大学组织趋同现象进行了理性的反思。首先，分析了大学组织趋同的历史必然性，以及适度趋同的积极意义和过度趋同的消极影响；其次，提出了如何避免大学组织过度趋同的策略，分别从宏观和微观两个层面进行分析；最后，指出了本研究的不足之处，并提出了进一步研究的方向。

二、创新之处

1. 将组织社会学的理论运用于大学组织趋同现象的研究中，实现了研究视角的创新

美国杜克大学社会学系教授高柏曾对跨学科研究作出了精彩的评论：正像在全球化的时代，越是有本土和民族特征的文化才越能吸引人们的注意力一样，越是跨出原有学科的局限，以原有学科的理论与方法进入一个全新的学科领域，讨论在原有的学术分工中属于另一学科的问题，才越能显出其存在的意义①。这一段评论对高等教育领域的研究特别有启发意义。本书以高等教育系统中的大学组织趋同现象为研究对象，但不是从高等教育宏观与微观管理的角度去探讨问题，而是通过组织社会学的视角来观察和分析问题，在一定程度上实现了研究视角的创新。笔者始终认为，高等教育是一个研究领域，对大学组织现象的研究，既要求研究者掌握高等教育学的专业知识，不致使研究的成果违背高等教育的发展规律；同时，还需要在高等教育系统之外，从大学与社会的联系中去认识问题，不让研究出现“就高等教育论高等教育”的悖论。笔者认为，运用组织社会学的视角是本研究最独特的地方。

2. 在具体的研究中力求实现“三个关注”，加强观点及论证的可信度与说服力

首先，本研究不仅关注组织趋同的静态面，更关注组织趋同的动态面。大学组织趋同现象，首先让观察者感觉是一种静态的“千校一

---

① 鲍威尔，迪马吉奥. 组织分析的新制度主义［M］. 姚伟，译. 上海：上海人民出版社，2008.

面”现象，但笔者更关注大学组织趋同的动态过程。笔者认为，随着高等教育规模的变化与高等教育改革的推进，影响组织趋同的四方面因素正在发生变化，变化中的因素经由三种作用机制发挥的状况也有一定程度的改变。因此，本书对大学组织趋同的研究更加关注动态过程。

其次，本研究不仅关注“寻求合法性”的解释逻辑，同时也分析“寻求效率”解释逻辑的适用性问题。大学组织的某些趋同现象，尽管披着寻求效率的外衣，考虑到了市场因素，但即使是受市场因素的影响仍须通过政府、社会、评价主体给予的合法性才能加以确认，这一点特别值得注意。因此，本书特别关注大学组织的非营利性以及事业单位制的特性，并据此分析了“寻求效率”解释逻辑的适用性问题。

最后，本研究关注了中国高等教育系统中的绝大部分——地方大学（教学型大学），而不仅仅关注精英大学的组织趋同现象。我国尽管存在精英大学之间的趋同，但这些大学（主要是“985 工程”和“211 工程”学校）有较长时间的办学历史，自主办学的特性较强，学科建设有传统，因此都存在较为明显的特色。而地方性大学特色较不明显，目标、结构与行为的趋同现象已是不争的事实，因此，本书将对这些学校给予重点关注。

3. 从三个方面对大学组织趋同的现象进行分析，力争做到全面科学

关于大学组织趋同现象，国内不少学者也有相关的研究成果，但其将研究对象的着力点大多放在高校定位趋同上，且许多类似的研究往往将办学行为趋同笼统地囊括进定位趋同中，缺乏科学性。笔者认为，高校定位是高校发展规划目标的一个部分，定位的趋同实际上是大学发展目标趋同的一个方面。通过文献搜索，可以发现有关大学定位的研究在某一时段大量出现，特别是在高等教育的高层决策者提及“定位问题”时，关于定位的研究更是如同“井喷”，但这类研究往往缺乏坚实的理论支撑而难以为继。因此，本书将大学定位趋同的研究整合进大学组织目标趋同的研究中去。

此外，组织结构正是社会学的一个传统研究领域，而绝大部分关于

大学组织趋同的研究都忽视了对大学组织结构的分析。笔者认为，组织结构的趋同是我国大学趋同的一个重要方面，且组织结构的趋同对办学行为的趋同有着重要的影响。因此，本书不惜笔墨对大学组织结构的趋同进行了深入分析，尤其注重分析大学组织结构中为适应合法性制度环境而设立的各种新机构。

第二章　大学组织趋同的理论探讨

第一节　组织趋同的理论阐释

一、概念界定

从英文语义的渊源来看，“趋同”（convergence）一词有两种解释：一种解释认为“趋同”与“收敛”同义，因此是一个数学概念，表示一个数列收敛于某一个值。所以，“趋同”被广泛运用于经济分析中，指国家间或地区间的收入差距随着时间的推移存在着缩小的趋势。与“趋同”相反的概念——趋异（divergence），则是指不同的国家或地区存在着贫者愈贫、富者愈富的现象。经济学家还根据趋同的概念，将它分为绝对趋同、条件趋同、σ趋同和俱乐部趋同四种类型。

另一种解释认为“趋同”是一个生物学概念，被解释为“The adaptive evolution of superficially similar structures, such as the wings of birds and insects in unrelated species subjected to similar environments.”，译为中文即：“互不关联的种群因处于相似环境中而逐步适应并形成表面上的相似结构，如鸟类和昆虫的翅膀。”所以，“趋同”是亲缘关系较远的生物，由于生活环境、生活方式相似而在长期的适应过程中所形成的体形或器官等异常相似的现象。它是不同生物在相同环境条件下进行相同进化选择的结果。例如，海中的鲨鱼与鲸鱼，前者是鱼类，后者是哺乳类，但由于生活在条件相同的环境（海水）中，在同样选择压力的作用下，它们的体形表现出明显相似。

与生物界的情景相似，人类的社会生活也存在一定程度的趋同现象。比如企业产品种类的趋同，政府管理层级的类似，学校办学行为的接近等。因此，组织研究者将生物学中的概念移植到组织分析中，把不同的组织看成不同的种群由于相同环境的压力所导致的组织结构和组织行为相似的现象，称为“组织趋同”。所以，“组织趋同”是指不同类型的组织生活在相同的环境中，在面临着相同的诱因与压力时，采取相似的策略、组织结构与行为模式，最终将使彼此的形态趋于相同的一种组织现象。

二、解释逻辑

对组织趋同现象的研究视角可以分为两种：一种是从组织内部出发，我们可称之为“内部趋同论”；另一种是以组织外部为出发点，亦可称之为“外部趋同论”。持“内部趋同论”的研究者认为，组织趋同是组织管理者头脑发热的非理性举动，他们希望通过模仿成功者来快速获得成功。比如，一家企业看到另一家企业的某一种产品很畅销，立即通过模仿制成产品与对方竞争，以求得营利；再比如大学办学过程中“跟风跑、赶潮流、简单模仿、盲目攀比”，以求尽快成为研究型大学。“内部趋同论”认为，这些组织趋同现象均可以从组织内部管理方面来解释，即所谓的“趋同”是组织内部行为导致的。而持“外部趋同论”的研究者则认为，组织的模仿行为根源并不在组织内部，而在组织的外部环境。正如在现代社会中，某一个人的生活际遇主要由其所在的组织塑造一样，某一组织的生存方式也是由其所处的场域——外部环境来塑造。“外部趋同论”者把组织趋同的解释重点放在分析组织所处的环境上。

笔者并不否认“内部趋同论”的合理之处，实际上外部环境对组织行为的影响最终也是通过内部行为实现的。但在本书的研究中，由于大学组织的特性，笔者更强调外部环境所导致的趋同。由于组织一般面临着两种不同的环境——技术环境与制度环境，而不同的环境对组织的要求也不一样：技术环境要求组织遵循效率机制，制度环境要求组织服从合法性机制。因此，也就导致两种不同类型的趋同：效率机制下的竞争性趋同与合法性机制下的制度性趋同。

1．组织面临的两种环境：技术环境与制度环境

组织是处于社会环境、历史影响之中的有机体，任何一个组织必须适应环境才能生存。可以说，每一个组织都有其适应社会环境的策略。菲佛与萨兰基克（Pfeffer，Salanick）曾说：如果想真正了解组织的抉择

和行动，就应该更多地关注组织所处的位置，以及所在位置上的压力与限制因素，而不是将重点放在组织内部的动力机制以及领导人的价值观与信念上。① 这段话提醒组织研究者，要了解组织的行为就必须理解产生这种行为的环境。因此，我们必须关注环境，不仅要关注组织内部的技术环境，还要关注组织外部的制度环境②。

所谓技术环境是指组织为了实现组织目标，对人员和各种资源进行协调并确定其相互关系，设计组织结构并以此来适应环境，完成组织工作的行为过程中所采纳的技术方法。组织要完成其使命，必须在一定的技术环境下行动。举例来说，学校为提高教学效率、丰富教学形式、提升学生学习兴趣，除采用教师板书传授知识之外，还可以利用多媒体形式进行教学。那么，多媒体教学技术的存在及广泛使用就是学校组织生存的技术环境的一个方面。再者，在电子技术未被深入应用于传统成像行业时，所有与摄像相关的企业均只能采用胶片成像、底片冲洗的方法来服务顾客，因此，胶片成像就是摄像相关企业生存的一个技术环境。因为技术环境与企业的生存状态息息相关，有抱负的企业都加大了研究与开发的力度，争取突破现有的技术环境，提高产品的技术含量，与竞争对手的产品拉开档次，提高企业效率，形成竞争优势。由于竞争性的企业更依赖于技术，所以技术环境的运用主要在企业组织中。

值得注意的是，一些组织拥有多重使命或者模糊不清的目标，在性质上属于非竞争性或非营利性，因此，它们并不是十分重视所处的技术环境。换句话说，技术环境对它们的发展显得较为次要。举例来说，政党在某些国家是持相同政见的人组成的松散组织，它的目标除了声明政治主张，在议政机构中占有更多合法席位外，还兼有教育民众、为有领导能力的年轻一代提供资助等。政党往往会尽可能多地采用各种方法（不论这些方法是否先进）去达成这些目标。这一类组织在运行过程中往往忽视成本控制，仅仅关注目标的达成（尽管有时这些目标的表述是模糊的，带有公共关系技巧的）。在日

① 菲佛，萨兰基克．组织的外部控制——对组织资源依赖的分析［M］．闫蕊，译．北京：东方出版社，2006．

② MEYER J W，ROWAN B．Institutionalized Organizations：Formal Structure as Myth and Ceremony［J］．American Journal of Sociology，1977，83（2）：340-363．

常的经济观察中可以发现，这样一类组织经常尽可能多地筹集款项，再尽可能多地把钱花出去，在成本效益上没有多少约束。因此，技术环境以及何种技术适应技术环境并不是这一类组织所关心的重点。

所谓制度环境是指一个组织所处的法律制度、文化期待、社会规范、观念制度等为人们“广为接受”的社会事实①。组织不仅在一定的技术环境中运作，而且在一定的制度环境中求生存。以观念制度为例，在传统观念中，中国人认为大学就是教书育人（知识与道德两个方面）的场所，然而经济社会与现代高等教育的发展已经赋予大学更多的职能，如科学研究、社会服务等。在人们未接受大学的社会服务职能之前，人们对大学教师开办公司、转让技术的行为普遍持否定态度，认为大学在不务正业（这种现象在我国高等教育改革的早期尤为突出）；但一旦科学研究与社会服务职能成为大学的重要职能之后，大学又生存在新的观念制度环境中了，比如现在人们普遍认为不搞科研、只关心教学的大学已经不算是一流的大学了；不能提供社会服务、没有课题和项目的大学教师将会被排到高等教育质量评价的末端。从以上例子可以看出，组织生活在人们的观念制度环境中，组织的发展不仅要“苦练内功”，还要会做“门面功夫”，使组织的形象符合人们“广为接受”的制度环境。

除了观念制度之外，规范制度环境也深切地影响着组织的变化与发展。一位在国有企业工作多年的会计师告诉笔者，在她“内退”之后，有多家私营企业慕名上门聘其供职，当她去了其中一家时，发现其财务管理较为混乱，但工作效率仍比较高，只是财务工作中不知如何与政府的工商、税务部门接轨。因此，她在这家企业着手建立了一套与国企基本类似的财务规章制度，这使她名声更大，现在有更多的私营企业聘其兼职财务工作。从这个例子可以看出，企业对财务管理机构的要求不仅是效率，还需要规范，特别是要符合政府监管的规范。

将组织生存的环境分为技术环境与制度环境，是非常有意义的。这种分类能为我们理解组织行为提供更加合理的解释。技术环境与制度环境的主要区别有：第一，技术环境的创造主体是组织本身，而制度环境

---

① 周雪光．组织社会学十讲［M］．北京：社会科学文献出版社，2003．

的创造主体完全来自组织之外。从技术环境与制度环境的定义中可以发现，无论是法律制度、文化期待还是社会规范，都不是组织本身所创建的，而是由政府、立法机构、组织的服务对象等这些与组织内部看似毫无关系的人或组织所创建的。第二，技术环境的影响是短期的，而制度环境的影响时期较长。这在企业组织中表现得非常明显，如果垄断某一行业的专利保护过期，新技术便会蜂拥而出①。而制度环境因创设主体不是组织本身，因此难以在短期内改变，在经济社会发展并非大变革时期的国家，制度环境可能在几十年甚至上百年里变化细微。第三，组织突破技术环境的难度较小，但最成功的组织也很难改变制度环境。即便是位于金字塔顶端的组织，也必须善于利用极好的机缘，抓住制度环境诉求与组织自身诉求的结合点，才有可能成功地改变制度环境，但这种例子少之又少，对其他组织来说可遇而不可求②。

组织结构和组织行为在很大程度上受环境因素的影响，不同类型的组织与环境之间的作用机制是不完全相同的，因此可以从组织与环境之间的作用机制对组织进行分类（如表 2-1 所示）。从表中可以发现，大学作为一个社会组织，它的一个显著特点是受制度环境的影响较强，受技术环境的影响较弱。

表 2-1　根据环境对组织的作用进行分类③

环境类型		制度环境	
		强	弱
技术环境	强	公用事业、银行、医院	一般制造业组织
	弱	学校、教会、政党	餐厅、健身房

① 以复印技术为例，美国的施乐公司在 20 世纪 70 年代失去复印专利保护过后，开发出小型复印技术的日本公司便以惊人的速度占据了复印机的市场份额，令施乐公司一败涂地。感兴趣的读者可以进一步阅读相关的市场营销方面的文献。

② 这从我国大学如何从政府那里获取资源的方式中可以看出。具体参见：陈学飞. 理想导向型的政策制定——“985 工程”政策过程分析 [J]. 北京大学教育评论，2006 (1)：145-157.

③ SCOTT W R. Organizations: Rational, Natural, and Open Systems [M]. New Jersey: Prentice-Hall, 1992.

在表 2-1 中，银行、医院属于非常有专业性的组织，技术门槛要求高，受技术环境影响大；此外，银行业作为金融业的基础，与国家利益紧密联系在一起，医院关系民生，同样影响政府形象①，因此，这两种组织受到的监管与监督较之于一般企业组织多，因此，受制度环境的影响也很大。一般的制造业组织受到技术环境的影响较大，技术在某种程度上决定着其生死存亡，但因市场竞争激烈，企业营利目标明确，政府监管较少，因此制度环境对其影响较弱。至于餐厅、健身房等服务业组织，技术门槛较低，且组织规模普遍较小，与政府的联系也仅限于按章纳税，因此受到的政府监管最少，受制度环境影响最弱。如果分析学校、教会、政党这一类组织，我们可以发现，它们的专业化程度虽稍高于一般服务业，但技术对它们的影响仍要远低于对专业化程度要求更高的制造业；与此同时，学校、教会、政党更多地是以“公益慈善”的面貌出现的，因此受观念制度、文化期待的影响较大；此外，这一类组织与政府的联系要远远超出一般制造业，与公用事业、银行、医院等颇为接近，因此，它们受法律制度和社会规范的影响很大。总之，不同性质的组织受这两种环境的影响程度是不一样的，因此，不同性质的组织趋同的原因也会有很大差异。我们在分析大学组织趋同时，要特别注意这一特点。

2．不同环境下的作用机制：效率机制与合法性机制

何为效率机制？即组织的运作以追求效率为主要行为逻辑。何为合法性机制？即组织的运作主要以追求合法性，追求“人们普遍认同的”的形式与做法为目标。不同的环境对组织的要求是不一样的：技术环境要求组织遵循效率机制，即按成本最小化或产出最大化原则组织生产。例如，银行贷款给一个企业，它就要求这个企业有高效率的生产和经营能力，有按时足额偿还贷款的能力。制度环境则要求组织服从合法性机制，即采用那些在制度环境下“广为接受”的组织形式和做法，以帮助

① 在一些社会保障做得比较好的国家，由于人们的医疗费用多由第三方机构——保险公司支付，为避免医疗纠纷，提高医院声誉，即使病人得了很小的病，医院也会为病人做全面的检查，这使得医院在日常运行中不太注重成本及效率。

组织提高社会地位，得到社会承认，进而更好地获取各类资源。例如，许多大企业积极参与社会公益活动，尽管这些活动耗费财力、精力，且与内部生产活动关系不大，与提高效率的目标背道而驰，但其主要目的不是提高效率，而是提高企业的社会地位和社会认可度，从而为经营发展创造一个有利的制度环境。

这两种机制对组织的要求可能是一致的，也可能是相互矛盾的。当效率机制与合法性机制对组织的要求相一致时，不同组织为了适应环境的要求会表现出相同的行为。比如，从企业、学校、医院再到各种公共机构，其组织内部都采用了科层制的组织形式，这既可能是遵循效率机制的结果，也可能是服从合法性机制的结果。从效率机制的角度来看，科层制是韦伯所推崇的一种理性化的组织模型，建立在法律理性基础之上，它在市场竞争中比其他组织更有效率。他用了一个例子来证明这种说法，普鲁士军队能打胜仗的一个重要原因就是军队采用了科层制的组织形式。从韦伯的理论中，我们可以解释：为什么许多不同类型的组织却采取相似的组织结构，那是因为它们背后有一种共同的机制在驱使它们采取相似的做法，这种机制就是组织内部技术环境所追求的效率机制，效率机制驱使组织为了实现组织目标采取一种更为规范、理性而有效率的组织形式。从合法性机制的角度来看，也有组织在内部结构上采用科层制并不是因为其明晰的组织目标与规范的工作程序，而是因为科层制是一个广为被接受的组织形式，或者是法律规章明文规定要求组织使用某种形式的科层制。以公司企业为例，如果单从决策效率与管理效率来考虑，处于起步阶段的中小公司企业，其创业者、经营者与管理者可能均为一人，可能并没有必要设立诸如股东会、董事会等组织机构，但因对外宣传、企业间生意来往以及服从公司法的需要，这些企业无一例外都要设立此类组织机构。尽管在某些公司里根本看不到这类机构的影子，公司人员的名片上却印上了诸如“董事长”、“市场部总经理”、“市场部副总经理”的字样，在外人看来，公司人员仿佛隶属于某一个大型的组织，并拥有一定的管理权限。组织需要不断地接受和采纳外界公认、赞许的形式、做法或“社会事实”来适应制度环境，以便取得合法性。如果组织的行为有悖于这些社会事实就会出现“合法性”危机，无法得到社会承认，从而影响组织今后的发展。可见，不同类型的组织均采用科层制这一组织形式，既可能是技术需要的产物，也可能是制度环境的产物；既可能是为了追求效率，也可能是为了寻求合法性，从这一点来看，效率机制与合法性机制是统一的。

但在更多的情况下，效率机制与合法性机制是相互矛盾的。这种相互矛盾的情形在人们普遍依赖组织生存的现代社会中反映得更多。合法性机制的要求有时是非效率导向的，对效率的适应常常导致对组织合法性的忽视；而对合法性要求的适应又常常与组织内部生产过程争夺资源。面对效率机制与合法性机制的不同要求，组织常常建构起不同的组织结构、采取不同的策略加以应对。当寻求合法性与追求效率之间出现矛盾时，组织往往把组织内部运作和组织结构分离开来，为了应付环境需要，寻求合法性支持，组织可以制订很多规章制度但并不实施，这与其内部运作没有任何关系。其结果则是，组织变化越来越少地受竞争或效率需求的驱动，各种形式的组织变化不是着眼于更有效，而是立足于更合法①。所以，当效率机制与合法性机制产生矛盾时，组织会采用那些在制度环境下“广为接受”的组织形式或做法，而不管这些形式和做法对组织内部运作是否有效率，也就是说，组织会采取那些有悖于效率机制、却能满足合法性机制的做法。这对组织会产生什么影响呢？第一，导致组织之间的趋同现象，为了与制度环境认同，各个组织都采用了类似的结构和做法。第二，组织之间相互模仿学习，这些模仿行为减轻了组织的动荡，因为其扎根在制度环境里，取得了合法性，不容易受环境的冲击。这样，即便这些组织效率不高，它们也可能生存下去，因为合法性本身提高了组织的生存能力。在这里，我们讨论一个日常生活中的例子。

“新华网”上一篇题为《“送温暖”切忌形式主义》的文章报道并评论了这样一件事：

一位县领导告诉记者，三年来，每到春节前夕，上级工会总是

① 唐安奎. 寻求合法性：高校趋同的动力机制［J］. 高等工程教育研究，2007（1）：114-117.

派出三四人组成的送温暖小分队，由数千里外长途跋涉而来，在本县选择两户困难职工家庭，每户扶助 500 元，而两户共计 1 000 元的“温暖”还得由地方掏腰包——“我请客、你出钱”。

从经济角度讲，三四人来回机票就要花去七八千元，再加上出差补贴以及吃、住等开销总数过万元，这笔钱如果用于帮助贫困职工，按每户 500 元计，可以扶助 20 多户，比之现在的区区两户，要实惠许多。另外，送温暖工程经过十年的发展，已逐步经常化、制度化、社会化，上级组织大可以把任务、经费交给基层委托办理，没有必要千里迢迢赶来，“亲手”送上温暖。①

我们应该如何解释这一现象呢？如果从狭义的效率机制的角度来看这一现象，这的确是形式主义、浪费资源。这也正是这篇文章作者的观点：将同样的资源直接用于扶贫，可以使更多的贫困家庭得到资助，然而现实的这一做法恰恰与效率机制相悖。意识到这一点，我们不仅对这一现象提出了批评，而且也清楚地意识到我们批评的理论逻辑（效率机制）是什么。但是，这一批评远远不能令人满意。如果这个做法是低效率的，那么它为什么仍然存在？为什么我们不能通过组织设计解决这一问题？要回答这些问题，我们必须首先解释这一现象出现的渊源何在，这就需要借助合法性机制的视角来解释这一现象。

为什么上级工会组织要“大张旗鼓”地宣传这种低效率的做法呢？从合法性的角度来看，这种做法是有道理的。任何一个组织都必须取得合法性，适应制度环境才能生存，这是组织社会学的一个基本命题。在公众眼中，政府必须关心弱者。工会机构的主要职责是代表政府关心工人利益，在现阶段，尤其是要关心弱势群体的利益。但是，从工会组织的角度来看，怎样才能让公众知道它在尽职尽责地工作呢？在这里，我们看到，工会机构的目标不仅仅是要让贫困家庭得到资助，而且要让上级部门和其他群体得知它的工作业绩，从而取得合法性。从这个角度来看，这种有悖于效率机制的做法恰恰是合法性机制的产物，有益于满足

① 新华网．“送温暖”切忌形式主义［EB/OL］．（2002-01-31）．http://news.xinhuanet.com/newscenter/2002-01/31/content_262970.htm.

制度环境的要求。

通过以上分析，我们得出以下结论：现代社会组织的运行都遵循特定的逻辑，即效率机制与合法性机制。当效率机制与合法性机制对组织的要求相一致时，组织为了适应环境的要求会表现出相同的行为；当效率机制与合法性机制产生矛盾时，组织往往会采取那些有悖于效率机制，却能满足合法性机制的做法，这样，即便效率不高，但为了与制度环境认同，各个组织也会采用类似的结构和做法，从而导致组织之间的趋同现象。

3．不同机制下的组织趋同：竞争性趋同与制度性趋同

由于两种不同机制的作用，出现了两种不同类型的趋同：一种是效率机制下的竞争性趋同，另一种是合法性机制下的制度性趋同。效率机制下的竞争性趋同为组织社会学的群体生态学派所强调，它假定有一种系统理性，认为组织在所处的环境中产生了一连串的“物竞天择”，组织趋同是竞争同型化的结果，是组织追求效率的产物，因而强调市场竞争、生态位变化和适者生存。我们在市场上常常看到这种竞争性趋同的例子。比如，在我国银行业中，招商银行“一卡通”的成功问世和营销，给招商银行带来了丰厚的利润回报，让国内商业银行认识到品牌竞争的威力。其后，各类银行产品品牌如雨后春笋般层出不穷，建设银行的“乐得家”、交通银行的“圆梦宝”、农业银行的“金钥匙”、民生银行的“民生财”、工商银行的“金融e通道”等一批银行产品品牌纷纷问世，银行产品品牌竞争“硝烟渐起”，造成各银行间经营产品品种的趋同。再比如，美国“高等教育的竞争一方面越来越导致多样化，另一方面又越来越导致同一性”①，美国高等院校的趋同就是在激烈的院校生存竞争中产生的。合法性机制下的制度趋同为组织社会学的制度学派所强调，认为组织竞争不仅仅是为了资源和客户，而且为了政治权力和制度合法性②，因而，组织趋同是组织为了适

① 伯顿·克拉克．高等教育新论——多学科的研究［M］．王承绪，等译．杭州：浙江教育出版社，2001．

② 张永宏．组织社会学的新制度主义学派［M］．上海：上海人民出版社，2007．

应制度规范之要求而发生组织同型化（isomorphism）的现象，是组织寻求合法性的结果。

在笔者看来，这两派的观点有着共通之处，即都认为组织趋同是组织为了适应外部环境的要求而致使结构形态同质化的过程与结果。但区别在于，竞争性趋同是组织自身根据环境变化作出理性选择的结果，因而是一种内生的趋同；与之相比，制度性趋同则是一种外生的趋同，即组织由于制度环境的压力，受到诱使或迫使而导致的趋同。因此，竞争性趋同大多出现在自由和开放的领域，如企业组织；制度性趋同则更多出现在目标模糊、技术难以理解、环境不确定的领域，如学校、医院等部门（如表 2-2 所示）。

表 2-2　竞争性趋同与制度性趋同的区别

类型	作用机制	特点	强调	产生领域
竞争性趋同	效率机制	内生型	自由竞争	企业
制度性趋同	合法性机制	外生型	制度压力	学校、医院

在此基础上，根据制度性趋同变迁的来源，我们认为导致制度性趋同的合法性机制主要有三种，或者说，有三种机制导致组织的制度性趋同。

第一种机制是强迫机制（coercive）。它来源于所依赖的其他组织和社会文化期待施加于组织的正式和非正式压力。例如，组织必须遵守政府制定的法律、法规，否则就会受到惩罚。这些法律制度具有强迫性，组织没有讨价还价的可能性，必须完完全全接受，否则就没有生存空间。简单讲来，就是没什么好商量的，你就得接受，你不接受就无法生存。比如法律规定，凡是在股票市场上市的公司，财务都要公开，所以很多上市的大公司的财务状况都很容易被查到。虽然公司一般不愿意公开自己的资料，但是有法律规定，不公开不行。再比如，企业组织之间常常会形成一些大的结盟，达成一定的行为规范，其他企业如果不接受，就不能生存下去，这就强迫它们接受这些规范，如果遵守这些规范就会有许多便利或利益。大学组织也是如此。《高等教育法》第 18 条明确规定：高等教育由高等学校和其他高等教育机构实施。大学、独立设置的学院主要实施本科及本科以上教育。高等专科学校实施专科教育。经国务院教育行政部门批准，科学研究机构可以承担研究生教育的任务。其他高等教育机构实施非学历高等教育。因此，所有高校都必须照此规定实施不同层次、不同类型的高等教育，不能违反这些规则，否则大学就会遭受内外质疑，就会因为失去合法性而难以生存。迪马吉奥和鲍威尔曾说：

> 随着理性化的国家和其他大的理性组织把它们的支配扩展到社会生活的更多领域时，组织结构就会越来越体现国家制度化和合法化的规则。结果，在特定领域中的组织越来越同质，而且也越来越根据与更大的制度相一致的仪式来安排。①

这段话充分反映了现代社会中组织本身已经不可能像自由竞争时代的原始市场经济那样毫无约束地活动了，组织必须考虑它所生存的场域对其组织结构的要求，体现这种要求的文本最重要的就是法律与规则。除了这些正式的法律、规则和许可外，强迫机制还包括那些非正式的观念制度和文化期待。它们不像正式制度那样对组织实行直接而明显的强制，而是以一种更微妙、更隐蔽的方式导致组织形式、组织行为的趋同。例如，在人们的心目中，大学是以“探索高深学问，培养社会精英”为主要任务的。这种社会期待对高等院校的发展有一种强大的约束力，导致其发展目标趋同：都要往研究型大学发展，有了本科就想争硕士点，有了硕士点就想争博士点。如果高等院校的发展状况不是这样，就“不符合”人们心目中的大学形象，这类高等院校的存在就会出现合法性机制的“危机”。

第二种机制是模仿机制（mimetic）。模仿是对不确定性的反应。当组织的技术难以被理解时，当目标模糊时，当环境产生不确定时，组织就会按照其他组织的形式来塑造自己。模仿可能是无意识的、间接地通过员工调动、更换而传播的，也可能是明确地通过咨询公司或行业协会

---

① DIMAGGIO P J, POWELL W. The Iron Cage Revisited: Institutional Isomorphism and Collective Rationality in Organizational Fields [J]. American Sociological Review, 1983, 48 (2): 147-160.

等组织传播的，甚至创新也能解释为是组织模仿的结果。一个最戏剧化的例子是，日本在19世纪后期致力于模仿表面上看起来成功的西方政府的创新精神，政府派官员去学习法国的法院、军队和警察，英国的海军和邮政系统，美国的银行和艺术教育。20世纪80年代，日本公司在各个领域的成功又刺激美国的公司反过来仿效日本的模式，处理公司里棘手的劳动效率和人事问题。

各个组织倾向于模仿其领域中看上去更合法或更成功的相似组织。当组织面对的环境呈现出高度的变动率与不确定性时，当决策者不能确定什么是“适当的”策略，只好假定成功竞争者的策略在此环境下至少是“有效的”而决意加以抄袭，这种模仿行为可以有效规避风险，减少不确定性。例如，当制度变迁频繁、变革幅度较大，各个高校不知道怎样做才是最佳方案的时候，它们最可能、也最稳妥的做法就是模仿那些已经成功了的高校。

> 正如迈耶所指出的，某几种结构安排无处不在，很可能是因为普遍的模仿过程，而没有任何具体的证据表明采纳新模型能提高效率。我们很容易预测一个新兴国家行政管理的组织形式，而无须知道这个国家本身的任何方面，因为周边国家都是趋同的——在行政管理形式和经济模式上——任何劳动分工的世界体系理论都无法预测。①

第三种机制是规范机制（normative)。社会规范包含着共享观念、共享思维，其诱使或迫使组织采取与其一致的形式和做法，以获得合法性，得到社会的承认。规范主要产生于专业化。两种专业化的途径是导致组织趋同的重要原因：一是大学的正规教育，二是职业培训。这两种途径造就了一大群几乎可以交换的个体劳动力以及未来管理人员，他们接受过相同的训练，具有类似的知识背景，在不同的组织中占据相似的位置，由此所做出的决策也就大同小异。举例来说，一份调查报告显示我国80.49%的两院院士，77.61%的教育部直属高校校长，71.65%的

① 张永宏. 组织社会学的新制度主义学派［M］. 上海：上海人民出版社，2007.

国家重点实验室和教学研究基地主任都具有海外留学背景①。我们知道，大学校长及研究机构主管人员在塑造大学及研究机构方面具有不可替代的重要作用。在发达国家的留学经验，使得这些人的学术水平、思维方式、行事方法、管理风格向国际一流的高校接近。可以预测，如此高比例的人员具有留学背景，必然会使中国大学及科研机构向国际先进水平学习，并在办学行为及研究行为上越来越具有相似性。

促进规范趋同的重要机制是人事筛选。在许多组织领域中，凡是管理者和关键员工都来自同样的大学，按统一标准筛选录用，他们会以同样的方式看问题，把相似的政策、程序和结构视为具有规范意义的约束力和合法性，而且以相同的方式进行决策。例如，在美国威斯康辛州，达到教育负责人职位的人的背景和态度取向都非常相似②；世界企业 500 强的董事会成员也缺少差异。再比如，在我国，目前一般普通高校的师资往往来自研究型大学，而那些研究型大学的毕业生在进入一般普通高校之后，就会倾向于把自己所经历的大学制度、大学模式移植到自己工作与生活的大学中。客观上，这种由人事筛选所导致的规范趋同也是造成今日世界各国大学定位中“向研究型大学看齐”现象的一个重要原因。正因为如此，专业化程度高的组织（例如：医院、法律事务所、学校、研究机构）通常有着惊人的相似性，规范机制对组织的趋同起着十分重要的作用。

以上就是迪马奇奥和鲍威尔提出的三种机制，正是因为这三种机制的作用，我们常常观察到同一制度环境中的组织为了追求合法性，在目标、结构和行为等方面表现出极大的趋同性。

第二节　我国大学组织趋同的理论构建

在分析我国大学组织趋同的过程中，不仅要认识到组织趋同的一般

---

① 杨晨光．我国出国留学规模 30 年扩大 168 倍［N］．中国教育报，2008-12-25（1）．

② MARCH J C，MARCH J G．Almost random careers：the Wisconsin school superintendence，1940-1972．Administrative Science Quarterly，1997，22（3）：378-409．

规律，还要深刻理解我国大学组织的独特之处，以及与世界上其他国家大学组织的共同之处。在此基础上构建解释我国大学组织趋同的理论，才更具说服力和针对性。

一、我国大学组织的特性分析

1．目标的模糊性

每个组织都有自己的组织目标。大学也不例外，但与其他组织相比，大学组织目标的最大特点就是模糊性，或者叫作不可量化性。正如伯恩鲍姆所说，“衡量企业的标准是金钱，企业的目标就是‘赚取利润’”，“在很大程度上，企业组织的目标是明确的，管理是统一的；而大学组织却没有类似的标准和目标。其原因，一方面是由于高等教育的目标难以取得一致；另一方面是因为与人们的成就相关的目标的实现和实现目标的活动都不能以令人满意的方式记入‘资产负债表’”①。现在我国很多大学都提出了建设世界一流大学的目标，究竟什么是世界一流大学？这也是一个见仁见智的问题。就连原中国人民大学常务副书记牛维麟也承认，中国人民大学的目标定位是要办以人文社会科学为主的“人民满意、世界一流”大学，但是“人民满意”“世界一流”应当怎样来衡量？恐怕很难有明确的量化指标②。

造成大学目标模糊性的原因主要有三个方面：其一，大学的三大职能在大学目标中孰轻孰重，在现实的办学中如何处理人才培养、科学研究、社会服务的关系是一个难题。其二，判断大学是否实现了目标是一件十分困难的事情，教学应该达到何种效果，研究应该深入何种程度，如何科学评价教师工作等等，这些都难以有精确的量的规定，不像一般的工商业部门可以以产出和利润作为整体目标和评估目标的依据。其三，大学高度的专业化、不同部门间的松紧状态及教师劳动的个体性，更增加了目标整合的困难。美国著名管理学专家罗宾斯（Stephen P.

---

① 罗伯特·伯恩鲍姆．大学运行模式［M］．别敦荣，译．青岛：中国海洋大学出版社，2003.

② 牛维麟．关于大学组织特点及内在关系的若干思考［J］．中国高等教育，2008（11）：13-15.

Robbins）认为，大学目标更像一种宣传性公关术语。他说：这些陈述充其量不过是一种模糊的和带公共关系技巧的目标陈述，而不是真正体现组织到底追求什么的有意义的制度方针。[①]

值得注意的是，发达国家的高等教育经历了多年的发展之后，已经对大学目标模糊性有了更清醒的认识，并且在目标表述方面尽量明确，让人一看就知道这所大学的定位。比如美国的罗得岛社区学院通过对学院任务的概括，具体地阐述了学院的办学宗旨：（1）提供大量有挑战性的中学后职业教育计划和课程，以提高学生的能力，使其能够适应商业和工业界的技术辅助和技术性工作；（2）向学生提供可以将学分转入其他高校的教学计划和课程，并与罗得岛的其他高校密切合作，完善和改进转学教学计划；（3）特别重视教学质量和教学效率；（4）为学生的学业进步提供可行的、必要的服务；（5）为罗得岛的成年居民提供开放的中学后教育机会；（6）开办非营利性论坛、讨论会、研讨班、课程、讲座、展览、音乐会、表演会和游览活动[②]。可以说这样的目标表述十分符合社区学院的办学特点。而反观我国的高等教育系统，哪怕是一所名不见经传的刚升格的本科院校，都以“教学研究型”“综合性”“国内知名”作为发展目标提出来，使得学校的教职员工对学校究竟应该如何发展心中无数，对学校的发展目标心存质疑。

现代组织理论认为，当组织目标模糊不清时，组织对于制度环境很敏感，为了获得社会的认同，获取外在环境的合法性支持，可能会将一些重要的使命和职责暂时放在一边，仅仅注重“形象工程”。大学组织目标的模糊性也会导致学校容易模仿其他成功的大学，故高校之间容易出现趋同现象。

2. 资源的依附性

没有组织是自给的，所有组织都在与环境进行交换，并由此获得生存，在和环境的交换中，环境给组织提供关键的稀缺性资源，没有资源

---

① 斯蒂芬·P. 罗宾斯. 管理学原理［M］. 毛蕴诗，译. 大连：东北财经大学出版社，2004.

② 别敦荣. 美国大学定位与个性化发展［J］. 高等教育研究，2003（1）：40-44.

组织将不能正常运作[①]。对资源的需求便构成了组织对外部环境的依赖。资源对任何组织都很重要，但相对于其他组织来说，大学组织的资源依附有其自身的独特性。

首先，大学组织所需要的资源本身及来源途径具有多维性。与企业组织不同，企业只需要潜在的顾客出资购买其产品即可，企业所需的只是资金，对于技术、原材料也是可以用资金买到的。但大学组织所需要的资源不仅仅包括丰厚的资金，还包括高质量的学术研究人员、高质量的生源，以及政府所推行的各种教育政策。大学组织在每一维上的资源依附都很特殊，资源的来源主体具有多元性。举例来说，大学所需要的资金不仅来自政府拨款，还来自学生所交费用；不仅来自教学收入，还来自研究与社会服务收入；不仅来自学生，还来自企业及私人捐赠。其中每一种资金来源获得的途径、原则都不尽相同。但值得注意的是，尽管大学的资源来源主体具有多元性，但从政府外获得资源的方式、数量、限额在某种程度上仍受政府的控制。

其次，大学组织的资源依附具有渐变性。当企业组织从计划经济走向市场经济后，从政府所得的资源立即消失了，取而代之的是直接面向市场从顾客那里获得资源。然而大学组织即使在市场经济时代，也对政府的资源有特别强的依附性。这一方面是国家出于意识形态、发展战略、执政需要对大学进行管制[②]（regulation）的结果；另一方面，也是大学组织与政府联系紧密，与国家发展联系紧密的一种必然要求。因此，在计划经济向市场经济转轨过程中，大学组织资源依附的对象尽管在种类上变多了，但政府仍然是大学最重要的资源依附对象。一位教授在闲聊时曾经说："我们大学可以三年不收学费也死不了。"可以说，在向市场经济转轨过程中，大学尽管在一定程度上实行成本分担，但始终不可能从学生及其他来源那里获取全部资源，大学组织的资源依附具有渐变性。

---

① 邱泽奇. 在工厂化和网络化的背后——组织理论的发展与困境［J］. 社会学研究，1999（4）：11-14.

② 要特别注意的是，本书中的"管制"这一词条是经济学术语，并无贬义。

再次，大学组织的资源依附特性越来越显性化。大学组织作为一种非营利机构（Non-profit Organization），不以营利为目的，只能从公私部门获得拨款或捐赠来获得经费。因此，大学比企业组织更重视外部机遇，对外部资源的依赖愈加明显。在计划经济时代，大学本身就是政府的一个附属行政事业单位，大学校长无须考虑资源问题，因为资源的分配是既定的，由计划分配好的，人们视其为理所当然。而进入市场经济时代后，大学的办学自主权有所扩大，政府虽不直接管理高校内部事务，但仍在总体上实行资源控制。尽管大学之间在高水平师资、生源、办学资源、声誉方面存在激烈竞争，但这些竞争优势的获得归根结底靠大学自身难以达成，因为大学的招生计划、专业设置、学科设置、经费保障、新设准入、规模扩张等方面无不需要通过政府的批准、许可以及备案，办学自主权仍极为有限。

最后，大学组织的资源依附具有直接性，缺少中介与缓冲。这一点在我国大学组织中表现得十分明显。在中国，政府与大学之间几乎没有缓冲组织的存在，因此政府对大学的影响是直接的，政府直接确定资助对象，并进行评估与验收，其中没有引入公开的竞争机制，也没有第三方评价，这些体现出了较强的计划体制特征。部分发达国家基于“大学拨款委员会”的高等教育拨款体制，尽管在运作过程中也存在问题，但相对于政府直接资助的学校仍具有不少优势。政府直接投资于高校，且投资主要以“211 工程”“985 工程”的方式直接进行，具有很多显而易见的缺陷。首先，投资的对象主要为学校，并不一定是学校的优势学科，这样极易在学校这一级产生平均分配政府投资的倾向。其次，政府并不一定谙熟于高等教育发展的规律，投资高等教育，政府希望迅速见成效，因而会要求学校将投资重点放在基础设施建设上。然而，正如梅贻琦先生的著名论断“所谓大学者，非谓有大楼之谓也，有大师之谓也”，这种投资方式也许并不一定适合大学这种“才智密集型组织”的发展。

大学高层管理者工作的大部分时间也是在寻求大学组织所依赖的资源。这些资源可能是财力的、物力的抑或是人力的；资源的获取对象可能是政府、市场，也可能是第三方的中介组织或是媒体舆论；资源获取的形式可能是法律途径的、政策途径的甚至是“潜规则”途径的。既然资源对大学组织的发展如此重要，大学组织的资源依附性也就越来越成为不争的事实。

3．环境的复杂性

今天的大学组织，所面临的外部环境并不宽松，甚至是极端复杂、动态、不确定的。具体而言，有以下几方面的环境正在发生深刻的变化，使得我国大学组织面对的环境呈复杂性与动态性并存的状态。

首先，经济快速发展导致大学毕业生劳动力市场迅速变化。毕业生是大学的直接“产品”，产品是否适销对路要看毕业生在劳动力市场上的表现。但当今大学毕业生总量上过剩与结构性失业情况严重：一方面，经济社会不能容纳如此多的大学毕业生，很多大学毕业生找不到理想的工作；另一方面，大学并不一定能很好地“生产”企业所需要的人才，企业又不一定需要大学培养出来的毕业生。这种复杂的情况使得大学在招生、专业设置、传授知识的选择以及人才培养方式上面临许多挑战。大学既不能不顾市场需求，不做调查研究，完全“与世隔绝”进行教育教学；也不能完全迎合市场，什么专业热门就办什么专业，把专业越分越细。此外，经济的发展一方面要求培养高精尖的专业人才，另一方面也需要通才，这也促使大学在内部进行教育教学方面的改革。一位工科大学的老师曾说，在机械制造专业，现在的学生不仅要学习传统的机械制图、机械设计，还要学习自动化、电子技术、数字控制，为适应未来发展的需要，还要了解部分经营管理知识。由此可见，经济发展使劳动力市场不断变化，对大学毕业生的各种素质要求也在不断提升。

其次，大学组织的科研与社会服务市场也在不断变化，日趋复杂。改革开放初期的大学教育科研，主要还是纵向地为政府服务。大学科研进行“产学研”一体化改革后，面对多个服务主体，其中有教育部的纵向课题，也有企事业单位以及政府的横向课题，甚至还有国外的各种基金会项目；大学的教师不仅仅在本院系授课，还可能受邀请担任其他院校的研究生导师，甚至可能在各种媒体担任撰稿人、演讲人、主持人；大学教授既在学校内传授知识，也可能在社会上普及知识。今天，如果问一位大学校长，学校的教授们都在干什么？我想没有几位校长能完全说得清楚。科研与社会服务市场的复杂性使得大学越来越注重其学术地位，并且使大学融入地方以及国家经济社会建设的动机越来越强烈。这种倾向使得大学受经济社会发展变革的影响越来越大。

再次，大学评价日益常规化、评价主体日益多元化、评价方式日益多样化。目前我国大学所获得的资金中，从政府所得的比例仍然最大。政府给大学投入巨额资金，必然关心所花的钱是否用对了地方，是否提高了学校的教育教学以及科研水平；同时，高等教育质量问题也日益受到教育主管部门的重视，因此政府一定会加强高等教育评估。此外，我国高等学校众多加之名称变化频繁，但入口处的高中毕业生与出口处的企业雇主对高校的了解一直处于信息短缺状态，因此，教育中介组织也因提供信息服务的需要开始对高校办学水平进行评价。随着高校办学自主权的扩大，可以预测未来高校的评估会日益常规化。政府、教育中介组织、高等教育研究机构出于不同目的，都有动力对高校进行评估评价，高校的评价主体也日益多元化。此外，政府评价可能更多着眼于基本办学条件，研究机构评价则更注重高校的科研产出，不同评价主体评价的内容与方式都有所不同。高校面临的评价实际也可以看作高校赖以生存的外部环境的一个维度。评价主体、评价方式、评价内容的变化都在很大程度上影响着高校面貌的塑造。

4. 结构的二元性

科森（John Corson）早就发现，大学管理表现出“组织结构上的一种奇特的二重性”。在大学中同时存在着两种结构：一种是传统管理科层结构，另一种是教师在其权力范围内对学校有关事务做出决策的结构。这种二元控制系统由于没有统一的授权或结构形式，因而显得错综复杂。这两种控制系统不但在结构上相互分离，而且是建立在不同的权力系统之上的。管理权力的基础是上级对活动的控制与协调；专业权力的基础是自主性和个人的知识。两种权力的来源非但不同，而且相互对立①。

① 李立国．大学组织特性与大学竞争特点探析［J］．高等教育研究，2006(11)：38-43．

大学的基本特点决定了大学有其自身特殊的权力结构，即行政权力和学术权力两种权力并存。所谓行政权力，是指高校行政机构和行政人员履行管理的职责和权力，通常指以书记、校长、处长、科长等为代表的各级行政机构所拥有和行使的权力。行政权力实际上是一种等级职位权力，由上级机关或领导赋予，具有明显的级别性、科层性、组织性和强制性，下级服从上级，等级职位愈高权力愈大。所谓学术权力，是指高校学术组织和学术人员管理学术事务的权力，通常指以专家、教授、学者为核心的各级学术组织在管理学术事务时所拥有和行使的权力。学术权力不是外部赋予的，是大学学术本质内在逻辑的客观要求，权力的来源是科学真理、专业知识和专家推崇，行使权力的方式是通过学术委员会、教学指导委员会、成果鉴定委员会、职称评定委员会、教授委员会等学术组织，实现对各种学术事务的管理。学术权力具有明显的学科性、专业性、自治性和松散性，专家的学术水平和声望是学术权力的基础，水平和声望愈高，影响力愈大。

学术权力与行政权力具有各自的合理性与局限性。学术权力可以使学术活动独立于政治干涉之外，维护学术活动的民主、自治与自由，维护教学科研人员从事学术活动的积极性和创造性，可以提高大学追求真理、探索创新和管理决策的科学性。但学术权力追求个人学术水平的提高，关注本学科领域的发展，需要自主、宽松甚至是极少受政府干预的工作环境，带有很强的专业性，也带有一定的片面性和保守性，容易导致门户之见、学术霸权等现象。行政权力组织性强，目标明确，支配力大，行动效率高，可以使大学内部成为各部门密切关联的整体，但容易滋生长官意志、盲目决策、权力泛化、官僚作风、争权夺利等现象。

5. 成员的专业性

大学组织的另一特点是成员的专业性，特别是教学科研人员的专业性。大学作为创造知识、传播知识和应用知识的载体，所依赖的就是大学教学科研人员的专业性。大学组织成员的这种专业性有如下几个表现。

第一，大学组织的教学科研人员忠诚于某一个学科与专业，表现出“双重忠诚”的特点，即对自己供职院校的忠诚和对自己所从事的学科专业的忠诚，而且大学教师对自己所执教的或者所研究学科的忠诚一般要超过对所在院校的忠诚。大学教师的职业忠诚正越来越多地偏向于自己的学科专业性学术组织，而对自己置身的大学或研究单位的从属感低于对学科专业的归属感。此外，大学教师的职业忠诚与大学教师在大学事务中所处地位、所发挥作用的自我感受密切相关。如果大学教师感觉到对于大学而言，自己的角色仅仅相当于“公司雇员”的话，那么他们对于大学本就不够坚定的忠诚将会进一步受到削弱。当对于大学的忠诚感与对于学科专业的忠诚感出现冲突的时候，大学教师往往会选择对于学科专业的忠诚。当冲突达到不可协调的程度时，教师往往会选择更有利于自己学科专业发展的大学作为自己的供职场所。

第二，大学组织成员的专业性还体现在教师晋升的职称系列体系。大学在招聘新教师时就特别注重基本的学术经历——一般通过文凭与学位来反映；新教师入职之后，又必须从助教、讲师、副教授、教授一级一级往上晋升，并且每一级都有明确的成绩与年限要求。每一个大学组织成员都有明确的奋斗目标。这种专业性和等级性与大型企业又有很大的不同。尽管大型企业也设置很多等级职位，但个人在企业中的升职并不需要特定的知识作为先决条件。企业人员的升职，全凭业绩以及其他的机遇，没有特别严格的年限要求。此外，大学组织的专业性与技术密集型的企业也有很大的差异。技术密集型的企业在不断地试图突破当前的技术环境，不断占据竞争优势；但大学成员的专业性要求主要体现在创造知识与传播知识所需要的基本学术训练方面，它并不要求知识的快速应用与效益生成。

第三，大学组织成员的专业性还体现在成员对专业学会、协会的参与程度极高。大学教学科研人员之间在不同大学之间的关系网络要远远比其他组织发达。在各种学会与协会中，学术共同体对共同关心的话题进行广泛深入的讨论，在这种交流中获得本专业最新最前沿的研究信息，这一特点在其他任何类型的组织中都找不到。这种成员的广泛联系，还体现在校长联席会议、校长论坛等大学管理人员的联络平台上。大学组织通过这种专业性的联系，扩散着当前比较先进的办学理念与做法，对大学组织的趋同起到了推动作用。

二、我国大学组织趋同的分析框架：合法性机制下的制度性趋同

通过对组织趋同的概念解析，以及对组织生存的二元环境、组织趋同的两种解释逻辑、两种作用机制的深入分析，我们已经基本了解组织趋同的解释理论。在详细分析我国大学组织特点之后，本书的研究问题自然出现——我国大学组织趋同的解释逻辑是什么？如何构建我国大学组织趋同的理论框架？

1．效率机制解释组织趋同的适用范围

不可否认，许多组织在目标、结构以及行为三个方面或者其中某些方面越来越相似，的确是出于提高组织效率的需要。但笔者认为，效率机制作为组织趋同的一种解释逻辑，在运用于现实的组织分析时，更适用于解释如下几种情况的组织趋同。

(1) 目标表述较为明确的组织之间的趋同

所谓效率，描述的是达到的结果与使用的资源之间的关系。它指的是在特定时间内，组织的各种投入与产出之间的比率关系。效率与投入成反比，与产出成正比。因此，我们描述效率通常是“一定产出下最小的投入，或一定投入下最大的产出”。“效率”一词来源于经济学，现已广泛运用于社会科学中。在组织分析中，效率则要求组织有一个明确的目标，并且目标越单一越好，如企业的目标是以最小的成本获得最大的利润或最大的市场占有率；军队的目标是以最小的损失达到战争或战役的胜利。诸如军队、企业等目标较为明确的组织，它们在组织结构与行为上模仿某一组织，直至趋同，完全或绝大部分服从了其明确的目标需要。

目标模糊或者目标多元化的组织，其目标表述常常存在争论。因此，这类组织更有可能高度依赖合法性表象。对于这类组织而言，对它们的发展有极大好处的，能为它们的发展提供有利氛围的，不一定是以更高的效率为目标，而以是否满足重要的赞助者对它们应如何设计和运营的预期为目标。举例来说，一所地方知名度极高的普通高中，对外宣传的往往是它的升学率尤其是重点大学升学率，而非培养合格高中毕业生的生均成本。因为只有升学率才能满足重要赞助者——政府对其设计与运

营的预期，而合格高中毕业生的生均培养成本，政府几乎是不关心的，学生家长则更无关心的必要。但如果我们进一步分析就会发现，“培养合格的高中毕业生”并非一个非常明确的目标，难以对其进行效率上的评估。所以，一类组织如果有较为明确的发展目标或使命，那么它们是否趋同在很大程度上取决于是否服从于效率机制。换言之，追求效率是解释这一类组织趋同的主要原因。反之，当组织目标模糊时，效率机制的解释逻辑则并不适用。

（2）资源依附分散动态的组织之间的趋同

在一个组织场域中，如果一个组织对其他多个组织而非某一个组织存在资源依附，实际上就形成了不依赖于某一特定组织的现实。这样它抵制某一特定组织对其要求的能力就愈强，进而可以把精力更多地放在提高自身效率的关键业务中去。仍以作为营利性组织的企业为例，如果一家企业的关键零部件的供应商只有一两个，那么这家企业会花很多时间在业务流程设计上与具有垄断性质的供应商保持连接，满足供应商的特殊要求；但如果供应商多了，供应商出于提高竞争能力的需要，在提供零部件的时候就会考虑该企业的情况，并在零部件上进行适合这家企业的个性化设计，企业自身则不需要在业务流程上做大的变动。在前一种情况下，可以预见多家企业的某一业务流程会因供应商的垄断地位而产生相似的变革，这种相似的变革并非出于效率，而是出于对口的需要；而在后一种情况下，这家企业不需要依赖于某一供应商，因此这类企业的趋同只能用提高效率来解释。在汽车产业中这种现象极为常见。比如专门给丰田汽车做某一零部件配套的专用零部件企业，在业务流程上非常相似；而那些做通用零部件的企业，由于不专为某一汽车公司做配套，在业务流程上差异性则很大。

此外，如果组织的资源依附情况处于动态变化的状态，那么，这一类组织的趋同就只能用效率机制来解释。可以想象，一个组织的资源依附对象不断变化，那么组织没有必要完全按照依附对象的要求进行变革；换言之，组织的变革更多来自其他方面的竞争，来自提高效率的需要。在自由开放的竞争领域（特别是在垄断资本主义出现之前），绝大多数组织的资源依附都是极为分散和动态的，效率机制促使这些组织的变革产生同形。

(3) 种群初创时期的组织之间的趋同

组织种群（Organizational Population）由在特定边界内具有共同形态的全部组织所构成，在特定的系统中组织种群是现实存在的。人们在企业界能更清楚地看出某一组织种群，比如生产某一类产品或者提供某一种服务的企业。种群初创时期，组织之间的趋同，尤其是行为上的趋同，在很大程度上是由效率机制推动的。以我国改革开放以来大批企业采纳事业部制①这一组织趋同现象为例，改革开放初期，大批企业创立，企业种群处于初创时期，由于仍处于卖方市场，每家企业的业务发展速度极快，但也出现了企业规模变大、效率下降、管理失控、内部资源整合不力的缺陷，无法适应市场环境的快速变化②。因此，合资企业普遍使用的事业部制成为我国企业组织学习的典范。一大批企业，如海尔、联想、青岛啤酒、美的、TCL、华北制药都成功实施了事业部制改革，取得了极大的成功，这又吸引更多的企业实施事业部制，而今事业部制已成为我国大型企业的一种标准组织结构形式。

从这一例子中可以发现，在组织种群的初创时期，组织发展变革的动力主要出于提高效率的考虑。初创时期的组织，如果缺乏效率，会在短时间内被淘汰，生存危机迫使组织采用效率更高的组织结构、实施效率更高的组织行为，而供组织学习的榜样并不多，因此必然产生组织趋同现象。但如果组织种群已经处于相对稳定时期，不会有大批的新进入者，也没有大批的“死亡”者，每一组织都有比较稳定的资源来源，各种组织行为都有章可循，组织内部结构也相对稳定，组织之间的竞争便不是特别自由和开放。这时组织发展的重心便不一定是提高效率了，因为现实中绩效较差的组织照样会存在下去，我们甚至不可能对绩效进行

---

① 事业部制结构又称多部门结构或M型结构（Multidivisional Structure），亦称为“多分支公司结构”，它是现代大型企业常见的一种组织结构模式。在这种结构中，企业往往按产品、服务、区域、客户或商标划分，将相关的研发、采购、生产、销售等职能部门结合成相对独立的单位即事业部。

② 麻强．中国企业实施事业部制改革的研究［J］．管理科学文摘，2005（1）：25-26.

测量。因此，处于种群成熟期的组织对如何保持自己在组织种群中的地位和声誉更为关心，而非效率与绩效。

(4) 非公共部门组织之间的趋同

公共部门主要指公共财政出资进行活动的部门，如政府自身、公共企业、非营利性经济组织（例如基金会等），以及国际组织、部分民间社会团体等。非公共部门与公共部门的区别很多：非公共部门主要是经济部门，动力通常来自竞争，而公共部门的动力则来自种种垄断；非公共部门领导者的行为动机是获取利润，而公共部门领导者的行为动机是连选连任；非公共部门的大部分收入来自顾客，而公共部门的大部分收入则来自纳税人。在公共部门与非公共部门之间，还存在着混合经济性质的部门，如教育、医疗部门等。尽管混合经济部门兼具公共与私人的双重性质，但在发达国家，尤其是福利国家，混合经济部门已经俨然成为准公共部门，由政府承担大部分支出，越来越类似于公共部门。

非公共部门的价值取向与公共部门之间之所以截然不同，是因为其面临的是直接的绩效评估。绩效评估，系指一个组织试图达成某种目标，如何达成以及是否达成目标的系统化过程。可见，效率机制对非公共部门组织的变革行为具有较强的解释能力，而公共部门的行为及其取得的业绩、成绩和实际效果、活动成本、工作效率、政治稳定和社会进步等社会效益却难以评估，所以公共部门的绩效评估非常困难。因此，笔者认为，效率机制更适合于对非公共部门的分析，而对于公共部门，尽管人们也呼吁加强绩效评估，但迄今为止，并没有多少成功的案例。总之，对于两种不同类型的部门的组织趋同需要用不同的解释逻辑。

2. 一种合适的理论框架：合法性机制

从上述分析中，我们得出结论：当组织目标较为清晰、组织的资源依附分散动态化、组织种群初创以及组织从属于非公共部门时，效率机制才能对组织趋同具有较好的解释力。而对于处于弱技术环境、强制度环境中的我国大学组织，其趋同现象用合法性机制来解释可能更具说服力。在此，我们有必要对合法性机制及其意义做进一步探讨。

(1) 合法性机制的再探讨

合法性机制是组织社会学理论中的一个核心概念。什么是“合法性”

(legitimacy)？在英文中的解释为“being acceptable according to the law; being reasonable and justified”，译成中文就是“根据法律可以接受的；或者被证实是有道理的”，所以，这个词也被译为“正当性”或“正统性”。“合法性”这个概念最早是由韦伯（Max Weber）提出来的。他指出，一个组织、一个群体、一个社团、一个村落或部落的内部都有一个权威（authority）。韦伯认为，通过以下三种方式产生的权威才是合法的、可接受的：第一种是个人或领袖的魅力，即人们因为领袖的个人魅力而追随其后；第二种是传统，即人们接受领袖的权威是因为传统使然，如权位继承；第三种是建立在法律理性之上的，是对理性制度（例如政治制度、法律制度）之上的权威的认同和承认，如总统选举①。将合法性概念引入组织分析中，萨奇曼（Suchman）指出，合法性就是在某个由信念、信仰、准则和概念等要素社会性建构而成的系统中，一个关于某一群体的行为是合理的、正当的或适当的总的观念和假设②。周雪光认为，合法性不仅仅是指法律制度的作用，而且包括了文化制度、观念制度、社会期待等制度环境对组织行为的影响③。合法性机制是指那些诱使或迫使组织采纳在外部环境中具有合法性的组织结构和行为的制度力量，也可称之为“社会承认的逻辑”或“合乎情理的逻辑”。

为什么制度的力量会诱使或迫使组织追求社会的承认和自身行为的合乎情理呢？涂尔干（E. Durkheim）在《社会分工论》中指出，在传统社会人们之间关系的维系依靠的是共享观念、共享思维，社会规范是在共享观念的基础上建立起来的。道格拉斯（Mary Douglas）在《制度是怎样思维的》一书中进一步指出，现代社会中仍然存在共享观念和共享思维，约束着人的行为。她以功能主义的逻辑解释这一问题：在一定社会条件下，人们追求个人利益的行为会产生一种潜在的功能，导致有利于群体整合的观念、制度的产生和延续。当这些观念以及在此基础上形成的行为规范超越了个人的私利，被社会群体“广为接受”，使这些观

① 马克思·韦伯．经济与社会［M］．林荣远，译．北京：商务印书馆，1997.

② 湛正群，李非．组织制度理论：研究的问题、观点与进展［J］．现代管理科学，2006（4）：14-16.

③ 周雪光．组织社会学十讲［M］．北京：社会科学文献出版社，2003.

念和规范隐含到了自然或超自然的世界中，成为自然规则或超自然的规则，人们对这些规范的遵守就成了自然而然的事情，这些观念就成为社会群体的共享观念。这样，这些观念和制度也就自然化或超自然化了，就变成建立在理性的基础之上，成为宇宙规律的一部分，就自然而然转变成讨论或争辩其他问题的基础了，也就成为讨论合法性的基础了①。所以，道格拉斯认为，制度制约了人，制度影响了组织行为，使组织不得不采用外界环境认可的做法以取得合法性。

如果说道格拉斯的观点是从强意义上来讨论合法性机制对组织行为的影响，即认为组织行为、组织形式都是制度所塑造的，组织或个人没有自主选择性，那么，从弱意义上来讨论合法性机制可能更具有现实性。弱意义上的合法性是指这样一种情形：制度通过影响资源分配或激励方式来影响组织的行为。这里强调的是制度具有激励机制，可以通过影响资源分配来产生激励，鼓励人们去采纳那些社会上认可的做法。比如说，一个具有合法性的企业更容易提高知名度，更容易和其他企业相互交往，更容易获得资源，更能得到政府的支持和承认，这就诱使企业采纳那些具有合法性的行为。在民主化、开放化程度越来越高的现代社会，笔者认为，弱意义上的合法性机制发挥的作用更大，对组织的影响也更大些。

由此可见，当我们用效率机制分析林林总总的组织现象，却无法得到满意的答案时，我们可以借助合法性机制的解释逻辑，合法性机制不仅为我们提供了一个合理的解释框架，而且可以帮助我们更深刻地认识这一现象产生的根源。

（2）分析我国大学组织趋同的理论框架

组织社会学中将组织趋同更多地归结于环境的影响，本书在构建理论框架上也遵循这一思路。而如前分析，大学组织所处的环境是弱技术性而强制度性的，因此，本书拟用制度环境下的合法性机制这一理论框架来解释我国大学组织的趋同现象。理论分析框架如图2-1所示。

① 周雪光. 制度是如何思维的［J］. 读书，2001（4）：10-18.

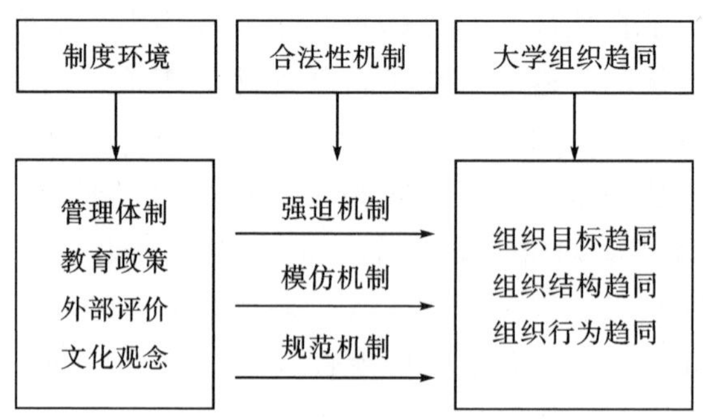

图 2-1

首先，本书分析了我国大学组织趋同的具体表现。笔者将这一趋同分为三类：组织目标的趋同、组织结构的趋同与组织行为的趋同。前人在对我国大学趋同现象进行研究时，往往只说定位趋同，或者说变革趋同，或者只微观分析到专业设置趋同。笔者的观点是，这些分析虽有道理，有的甚至已经引入了组织社会学的相关理论，但这些分析都没有把分析单位——大学当成一个组织来看待，因此这些分析经常只能看到大学组织某一方面的趋同，不甚全面。本书把大学组织种群及其场域作为考察领域，将大学组织本身作为分析对象，从组织理论出发，结合对我国大学组织的观察，提出了大学组织在目标、结构和行为上均有趋同现象的结论。事实上，这样分类是有科学依据的：第一，人们观察组织以及对组织进行比较时，最关注的就是组织的这三个方面。人们首先注意到的是组织的行为，其次才会关心组织的抱负，即目标，最后才会深入组织内部去观察结构。第二，从组织自身出发，目标、结构与行为这三个方面已经基本能勾勒出组织的全貌。其中，目标与结构决定着组织的行为，行为在某种程度上反映着组织的目标与所处的环境，结构内嵌于组织的行为中，需要深入审视才能发现。第三，这三个方面的趋同能涵盖目前研究中所涉及的大学组织的全部趋同现象。本书在第三章中将详细分析这三种趋同的各种具体表现。

其次，本书深入考察了我国大学组织所处的制度环境。环境不是混沌的存在，它一定会通过各种因素反映出来。本书择取其中对大学组织影响最大的四方面因素：管理体制、教育政策、外部评价与文化观念进行分析。其中，管理体制是十分刚性的因素，类似于计划经济体制的管制对大学组织结构趋同的影响是最大的，反映了我国大学组织制度性趋同的必然性；教育政策是传统管理体制的一种变体，它更多地将管制变成资源激励，促使大学组织朝着某一个回报较大的目标去努力，也导致大学目标与行为的趋同；外部评价是大众化高等教育以来一种较新的影响大学组织变革的因素，它以数量化、标准化的特点使得各个高校至少在形式上达到某种标准；文化观念是制度环境中十分隐性的因素，但它对大学组织发展方向以及趋同的影响却是显而易见的，大学的利益相关者对大学的固有观念、看法、期待，对大学的影响绝对不可忽视。这四个方面的因素组成了影响我国大学组织趋同的关键的制度环境。

再次，本书把合法性机制与制度环境因素结合起来，具体分析各种因素是如何通过合法性机制导致大学组织趋同的（第四章内容）。追求合法性，是通过强迫机制、模仿机制以及规范机制三个方面显示出来的。四个方面的因素分别与三种机制中的一种或数种相结合，使得我国大学组织在目标、结构与行为上表现出许多惊人的相似之处。比如，管理体制中“单位制”的管理习惯通过强迫性机制起着作用；教育政策以资源诱导的方式通过模仿性机制起着作用；外部评价通过强迫性机制与规范性机制起着作用；而文化观念则主要通过规范性机制起着作用。尽管这些因素与机制的结合时紧时松，有时并非一一对应，如果不深入研究，很难看出它们之间有如此联系，但学术研究的价值就在于其抽丝剥茧似的论证。

当然，任何一种理论框架都是对现实的简单抽象，本书中“制度环境下的合法性机制导致大学组织的趋同”也是一种对现象背后逻辑关系的抽象。任何一种理论框架都不可能“放之四海而皆准”。在大学组织趋同现象中，的确有一部分是出于提高效率的，但值得注意的是，这种效率只有在不与合法性相抵触时，才会存在下去。本书所构建的这一理论框架，虽然只是一种假说，但笔者对其解释力有足够的信心，因为它能客观真实地解释为什么当今我国的大学有如此多相同的地方。

不可否认，本书理论框架的提出符合组织社会学的新制度主义学派的基本观点。新制度主义对经济学、社会学和其他社会学科都有广泛的影响，这也从一个侧面提醒我们，大学的进一步变革离不开制度的变迁。大学组织在一定程度上的趋同有其值得肯定之处，但我国大学组织的过度趋同却是高等教育界内一个不争的事实。笔者在此提出这一分析框架，虽是努力达到逻辑上的自洽，且以分析大学组织趋同为直接的研究目标，但更多地是想借此分析大学组织与政府、市场、文化之间的关系问题。一项好的研究，不仅具有学术上的创新性，而且应具有政策上的参考价值。笔者期待着我国各级高等教育管理部门，能对大学组织的外部制度环境进行深入持久的改革，使之更加适应大学发展的规律，为把我国建设成为高等教育强国提供更坚实的基础。

第三章　我国大学组织趋同的现象分析

组织是指人们为了达到某种共同目标，将其行为彼此协调与联合起来所形成的社会团体①。组织包括组织目标、组织结构和组织行为三个基本要素。其中，组织目标是组织努力争取及所希望的未来状态，是组织开展活动的依据和动力；组织结构是组织内各构成要素之间的排列组合方式，是组织正常活动的支撑和载体；组织行为是围绕组织目标的实现而展开的一系列活动，是实现组织目标的手段和保证。分析大学组织的特点也可以从这三个方面入手，如张德祥等人在《高等教育社会学》一书中对大学组织特性的分析就是从组织目标、组织结构和组织行为三方面进行的，他认为大学组织目标具有多元性、模糊性、惰性、系统性、行为指向性和行为规范性等特征；大学组织机构具有矩阵性和松散性等特征；大学组织行为则具有专门化和自主性等特征②。此外，由于本书主要探讨的是外部环境对组织产生的影响，这种影响主要体现在对组织的目标、结构和行为上，因此，关于大学组织趋同现象的分析将集中体现在组织目标、组织结构和组织行为这三个方面。

第一节　大学组织目标的趋同

组织目标是某一社会组织努力争取达到和所希望的未来状态，它是组织开展活动的依据和动力，代表着一个组织的未来和发展方向。因

① 于显洋．组织社会学［M］．北京：中国人民大学出版社，2001．

② 张德祥，周润智．高等教育社会学［M］．北京：高等教育出版社，2002．

此，组织目标对组织的存在和发展具有重要意义：第一，组织目标是组织存在的基础。组织是依靠特定的目标来维持其存在的，组织内部的一切活动也是围绕着目标而进行的。失去目标，便意味着组织活动失去其合理依据。第二，组织目标是衡量组织活动成效的标准。组织活动都是围绕组织目标进行的，这种活动是否有效益或效率，以及效益或效率如何，取决于活动的结果接近于组织目标的程度。第三，组织目标是设计组织内部结构的依据。组织目标影响着组织结构的设计与调整，制约着组织中人、财、物的具体配备。组织内部的结构是否合理，要看它是否有利于组织目标的实现。组织目标具有以下特点：(1) 差异性，即不同的组织具有不同的目标；(2) 多元性和层次性，即同一组织有多个目标，且目标是分层次的；(3) 时间性，即不同时期和发展阶段的组织目标不同。因而，可以将组织目标划分为战略目标、长期目标、中期目标和短期目标。战略目标是组织的灵魂和活动的宗旨，规定组织成员活动的方向，并把组织和环境联系起来；长期目标和中期目标是对战略目标的划分，规定每个时期要达到的水平；短期目标是中、长期目标的具体化，其作用在于把任务落实到承担者身上，所以也称之为操作目标。可见，组织目标是一个内涵丰富的概念体系，具有多元的分析维度。

大学组织目标是指大学组织在未来一定的时期内，经过改革、建设和发展所要达到的相对理想的状态。由于大学组织自身条件的不同以及外部环境的差异，其发展在类型、层次、规模、水平、效益和特色等方面的量和质是不一样的，这些不同方面的量和质的统一就构成了大学的组织目标。具体包括：(1) 办学类型定位，是综合性、多科性还是单科性；(2) 办学层次定位，是研究型、研究教学型、教学研究型还是教学型；(3) 办学规模定位，是扩大规模还是保持现有规模；(4) 办学水平定位，是国际知名、国内知名、省内知名还是一般水平；(5) 服务面向定位，是面向全国、面向区域，还是面向本部门、本行业；(6) 办学特色定位，包括办学理念特色、学科专业特色、人才培养模式特色与校园文化特色的定位等等。以华中师范大学的目标定位为例，其目标表述为“教师教育特色鲜明的综合性高水平研究型大学”，其中，“综合性”是办学类型定位，“高水平”是办学水平定位，“研究型”是办学层次定位，“教师教育特色鲜明”是办学特色定位。

大学组织目标的科学定位对学校的改革和发展具有如下功能。

1．规划功能

组织目标是一个“量”和“质”的统一体。从质上讲，它规划了学校的办学类型、层次、规模和特色，保证学校正确的改革和发展道路；从量上讲，它定位了学校发展所要达到的具体指标、规模效益和发展速度，是指导学校分步发展的依据。

2．导向功能

组织目标能够正确引导学校的改革和发展方向，这种导向作用是通过组织目标对发展举措与步骤的选择性和决定性作用来实现的。因此，高校一旦制定出合理的奋斗目标，就能够从宏观上指导教学、科研、人事分配制度和后勤社会化等各方面的改革，从全局上引导学校的发展走向。

3．整合功能

组织目标能够有效地整合各类办学资源和各方面具体工作，保障学校有序、高效地运转。这种整合包括：办学资源的整合，即通过整合形成最佳的配置，充分发挥各类教育资源的效益；专业建设的整合，即根据学校的发展目标、办学类型、办学层次和现有条件，优化和整合学科专业结构，充分挖掘自身优势，形成鲜明的学科特色；师资队伍的整合，即围绕实现学校总体目标，突出重点，展现优势，强化特色，建设一支与学校发展目标相适应的教师队伍；各项工作的整合，即紧紧围绕学校的发展目标，正确处理教学、科研与其他各项工作的关系，做到既确保教学中心地位与教师队伍的主体地位，同时能抓好科研、管理和后勤服务，做到教学育人才、科研上水平、管理出效益。

4．激励功能

有了定位准确的组织目标，通过广泛深入的宣传和思想政治工作，把目标内化为师生员工的内在需求，就可以激发师生员工教学、科研、管理和后勤服务的积极性和主动性，形成人心齐、士气旺、事业兴的发展局面①。

高等教育系统作为一个相对独立的社会生态系统，其基本组成单位——大学组织，理应在目标定位上具有显著的多样性，每一所大学均应形成体现各自办学特色的目标体系。不同类型、不同层次、不同水平的大学应有不同的目标定位，即使是同一类型、同一层次、水平相当的大学也应体现出鲜明的个性。

在美国，每一所大学都是一个独特的个体，都有其他大学不可替代的地位，都能找到自己的立身之所、用武之地。大学发展定位上的别具一格孕育了美国大学的个性。正如曾任美国第 28 任总统、时任普林斯顿大学校长的伍德罗·威尔逊 1907 年在哈佛大学的一次演讲中所说：普林斯顿不像哈佛，也不希望变成哈佛那样；反之，也不希望哈佛变成普林斯顿。我们相信民主的活力在于多样化，在于各种思想的相互补充，相互竞争。② 与美国多样化、个性化的大学组织相比，我国大学组织在目标定位的过程中却出现了较为普遍的趋同现象，尤其是反映在办学类型、办学层次与办学规模三个方面。

一、办学类型求全

办学类型主要反映的是大学的学科特点，根据学校本科专业有效覆盖③的学科门类④数量，可以将大学分为综合性大学、多科性大学和单科

---

① 董泽芳，刘桂生. 地方高校发展目标定位刍议 [J]. 湖北教育学院学报，2005 (1)：98-102.

② 别敦荣. 美国大学定位与个性化发展 [J]. 高等教育研究，2003 (1)：40-44.

③ 关于有效覆盖，一般指本学科门类的在校本科生数占学校在校本科生总数的 5%以上。作为特例，满足下列条件之一者也可认为是有效覆盖：①拥有本学科门类的一级学科博士学位授予权；②拥有 2 个以上本学科门类中的二级学科博士学位授予权；③拥有 2 个以上本学科门类的硕士学位授予权；④哲学门类的在校本科生数占学校本科生总数的 1%以上；⑤历史学门类的在校本科生数占学校本科生总数的 2%以上。

④ 我国《普通高等学校本科专业目录（2012 年）》中将本科高等教育的学科门类划分为哲学、经济学、法学、教育学、文学、历史学、理学、工学、农学、医学、管理学、艺术学 12 个学科门类。

性大学 3 种类型。具体划分标准如表 3-1 所示：

表 3-1　大学办学类型划分及其标准①

学校类型	划分标准
综合性大学	有效覆盖学科门类 6 个及以上
多科性大学	有效覆盖学科门类 3~5 个
单科性大学	有效覆盖学科门类 1～2 个

目前我国各高校拥有的学科门类不断增加，综合化趋势日益明显。许多单科性院校想发展成多科性院校，多科性院校又想进一步发展成综合性院校。有学者对理工、农业、林学、财经、语言这五类单科性院校不同时期的专业设置状况进行了对照比较，发现这五类院校的发展存在着明显的趋同现象：第一，学科门类不断增多。从 1993 年到 2006 年，尽管不同类别的单科性院校学科门类增加的幅度不同，但都在持续增长。到 2006 年，即使专业性很强的语言类院校，其学科门类最少也达到4 个；而其他类院校，除了极个别的只涵盖 5 个学科门类，大多都有六七个门类，如华南农业大学甚至涵盖 10 个门类。一所高校的学科门类越多，通常就意味着其综合性程度越高。第二，非类专业（非单科性院校学科领域本身所能涵盖的专业）不断增多。从 1993 年到 2006 年，非类专业所占比例整体上都呈上升趋势。也就是说，以上五类院校中，每所院校都在设置与自己本专业无关的专业，这类专业的数目在专业总数中的比例也在不断提高。第三，增加的非类专业有很高的趋同性。1993 年以后，每类院校都已出现非类专业，但 1993 年设置的非类专业，无论是同一类别的院校还是不同类别的院校，其雷同性最小，各个高校设置的非类专业大多各自不同。而到 1998 年，非类专业的雷同性明显增强，不用说同类院校，即使是不同类院校的非类专业也具有很大的雷同性。到了 2006 年，非类专业的雷同性就更强，趋同化现象在进一步加剧。第四，雷同专业主要是投入较少的文科和管理类专业。不论原来基

① 张爱龙. 我国高等学校的一种分类法［J］. 中国高等教育，2001（3）：62.

础如何，从1993年开始，几乎所有院校都设置了英语、计算机科学与技术、法学、工商管理、会计学等专业；到2006年，雷同专业又增加了管理类专业，如市场营销、行政管理、信息管理与信息系统、公共事业管理、旅游管理等①。

因此，即使我们不能说所有的单科性院校都已成为综合性大学，但从专业设置和学科发展方向来看，许多大学都希望朝着综合性大学的方向发展②，就连时任中国农业大学的校长陈章良都曾以招生难、就业难和人才引进难为由，建议去掉校名中的“农业”两字。谈到更名，我们更能看出大学追求综合化的强劲势头。

高校更名已经不是稀罕事，据不完全统计，2014—2015两年间就有30多所公办高校经历过更名。近十年，没有更改过校名的高校屈指可数，其中有四分之一左右是在原有的专科层次学校基础上建成本科层次学校。以武汉的四所独立学院为例，现如今武汉科技大学中南分校更名为“武昌理工学院”，华中师范大学汉口分校更名为“汉口学院”，武汉大学东湖分校更名为“武汉东湖学院”，华中科技大学武昌分校更名为“武昌首义学院”。

大学更名，对外理由一般有二：一为校名和学科不相适应，二为几所学校合并成新校。但可以总结出一些普遍性的现象，改名者主要有以下几个趋向：一是专科“学校”晋升为“学院”，本科“学院”改称“大学”，专科升本科学院并非易事，大多是几个专科合并在一起；二是去掉纺织、冶金、船舶、矿业等原有专业名称，冠以科技、理工、工业、工程等字眼。现在有一种现象就是，农林地矿类大学“摘帽”，冠以“工”字头，比如矿业院校，通常启用工业、理工或科技等字眼，西安矿业学院就变身成了西安科技大学；地质类院校最爱改叫某某工程学院，比如西安地质学院变成了西安工程学院；气象类院校的改名则更“时尚”，通常会叫信息工程学院或大学，例如，成都气象学院改

① 俞倘燕，邬大光．我国高等院校趋同现象解析——以单科性院校发展为例[J]．大学（研究与评价），2007（1）：9-20．

② 李岚清．李岚清教育访谈录［M］．北京：人民教育出版社，2003．

名为成都信息工程学院，南京气象学院改名为南京信息工程大学。有报道称，纺织高校的名字就像时装一样，频频变脸。在纺织行业十分景气的时候，全国纺织院校及有纺织系科的学校有20多所，如今却鲜有独立的“纺织学院”“纺织大学”了！这其中，最早更名的是山东纺织工学院，1993年并入了青岛大学；最轰动的是1999年，中国纺织大学更名为东华大学。纺织院校多更名为某科技、理工大学或学院，目前，纺织类高校中，如北京服装学院和成都纺织高等专科学校尚未改名。

大学更名后，带来的直接而显著的效果就是招生。如钢铁、煤矿等“冷门”专业的高校很难吸引考生的目光，而一旦改名为“科技大学”便大不一样了。原武汉纺织工学院1999年在鄂招收理科生352人，第一志愿填报的仅148人，其中达到分数线的才37人。该校更名为武汉科技学院后，生源逐年攀升。该校自2003年起，在鲁、豫等生源大省的录取线大都保持在当地批次线30分以上①。除此之外，科研项目报批、经费来源等也直接助长了高校改名的升温。

许多更名后的学校为了追求综合化，不断拓宽学科门类，增加专业数量。有些学校根本没注意到学科门类的有效覆盖就自我声称拥有了某个学科门类；还有的学校在发展规划中明确提出“五年内要使本科专业增加多少，达到多少”等。这种追求学科门类齐全、专业数量增加的做法，并不是少数几所高校的目标，在我国许多高校的发展规划中都有类似提法。

二、办学层次攀高

办学层次是指高校以研究生教育为主，还是以本科教育为主，或是以专科教育为主。目前一种比较流行的分类办法是按照大学科研规模的大小，将现有大学分为研究型、研究教学型、教学研究型和教学型4个层次。具体划分依据如表3-2所示。

① 高校批量更名，湖北考生家长犯晕不知如何填报［N］. 长江日报，2006-08-15（14）.

表 3-2　大学办学层次划分及其依据①

学校层次	划分依据
研究型	学术水平最高、科研成果最多、以研究生培养为主的大学
研究教学型	学术水平和科研成果仅次于研究型大学，研究生和本科生培养并重的大学
教学研究型	教学为主、科研为辅，教学科研协调发展的大学
教学型	本科教学为主的大学

从学校层次来看，我国大学的发展都有向高一层次攀升的欲望。表现之一：教学型的院校希望发展成为教学研究型，教学研究型的院校又想发展成为研究教学型，直至发展成为研究型大学；表现之二：专科学校希望升格为本科院校，本科院校又想争硕士点，有了硕士点的院校又想争博士点。下面以三所不同层次的院校为例加以说明。

案例 1：××林业大学是教育部直属的一所“211 工程”院校，该校经过五十余年的建设和发展，从一个单一的林科专业院校发展成为一所以林学、生物学、林业工程学等学科为特色，农、工、理、管、经、文、法、哲相结合的多科性教学研究型大学。1982 年被国务院批准为首批具有博士、硕士学位授予权的高校，截至 2004 年 12 月底，学校有博士点 33 个，硕士点 55 个。在该校的中长期发展规划中，提出了学校未来 15 年发展的三个阶段目标（见表 3-3）②。

表 3-3　某林业大学 15 年发展规划

阶　段	发展目标	博士点	硕士点
第一阶段（2006—2010 年）	实现从教学研究型大学向研究教学型大学的转变	40 个	60 个
第二阶段（2011—2015 年）	实现从研究教学型大学向研究型大学的转变	45 个	70 个
第三阶段（2016—2020 年）	实现创建以林学、生物学、林业工程学等学科为特色，国际知名、国内高水平的多科性、研究型大学的目标	50 个	80 个

① 武书连．再探大学分类［J］．科学学与科学技术管理，2002（10）：26-30.

② 北京林业大学中长期发展规划（2006—2020）［EB/OL］．（2012-10-30）．http://fzghc.bjfu.edu.cn/zlgh/zcyj/113872.htm.

案例 2：××工程大学是一所省属院校，经过三十多年的建设，学校已由单一的工科院校发展成为一所办学条件较好、实力较强、水平较高、特色鲜明的多科性教学型大学。1998 年被国务院学位委员会增列为硕士学位授予权单位，现有硕士学位授予权点 24 个。在该校的“十一五”事业发展规划中明确提出：到 2010 年，把学校建设成以工为主，工、理、管、经、文、法等学科协调发展的，化工及相关学科特色鲜明的多科性大学，实现由教学型大学向教学研究型大学的转变，力争获得博士学位授予权；到 2020 年，把学校建成整体水平省属领先，部分学科在国内或国际上有一定影响的特色鲜明的教学研究型大学，获得 2～3 个一级学科博士学位授权点，12 个左右的二级学科博士学位授权点①。

案例 3：××学院是 1998 年经教育部批准合并的一所新建本科院校，经过十年的发展，学校已完成了从专科层次向本科层次的转变。从现在开始，学校进入了一个新的发展阶段，这就是，建成全国知名的有较高水平的教学型大学。为此，学校确立了“三步走”的发展战略：第一步：2008 年，通过教育部本科教学工作水平评估；第二步：到 2012 年左右，取得硕士学位授予权；第三步：到 2020 年左右，把学校建设成为一所以文、理、工为主，多学科协调发展的，在全国同类院校中知名的地方综合性大学②。具体发展目标参见《走发展、创新、特色之路，建设全国知名的有较高水平的教学型大学——在中国共产党××学院第一次代表大会上的报告》(简称《报告》)：

走发展、创新、特色之路，建设全国知名的有较高水平的教学型大学

——在中国共产党××学院第一次代表大会上的报告

（2008 年 10 月 19 日）

今后五年学校的发展目标是：实现教育教学质量、学科专业水平、科学研究能力和社会影响力的全面提升，综合办学实力位居全国同类院校前列，成为全国知名的有较高水平的教学型大学。

---

① 武汉工程大学“十一五”事业发展规划［EB/OL］.（2006-12-15）. http://spacetime. wit. edu. cn/campus/list. asp?id=654.

② 湖北文理学院（原襄樊学院）本科教学工作水平评估自评报告（内部资料），2008 年 5 月。

在今后五年发展的基础上，再经过一段时间的努力，把学校建设成为特色鲜明的教学研究型大学。为此，今后五年发展的具体目标是：

获得硕士学位授予权。把争取硕士学位授予权作为重点工程，确保学校纳入国务院学位委员会批准的“2008—2015年新增学位授予单位立项建设规划”。两年内争取与有关高校实质性联合举办硕士研究生教育，实现以我校名义招收研究生。五年内争取获得硕士学位授予权。

扩大学校办学规模。坚持以普通本科教育为主，多种教育层次、多种教育形式协调发展。到2013年，力争全日制普通本专科在校生达到15 000人，研究生教育具有一定数量；各类继续教育学生人数达到10 000人。

提升学科专业建设水平。加强学科群建设，形成具有自身特色的学科群3个左右；凝练学科发展方向，培育国内知名、省内领先的特色学科2个左右，建设省级重点学科6个左右，校级重点学科10个左右；以学科建设为基础，以应用性为导向，提高专业建设水平，本科专业数达到45个左右，建设一批校级重点专业，建设8个左右省级品牌专业和国家特色专业。①

这三个案例分别代表了不同层次的院校，案例1代表的是全国100余所“211工程”院校，这些学校已经具备了博士学位授予权和硕士学位授予权，其中已有30多所高校进入研究型大学行列，但大多数高校目前还是研究教学型大学，离研究型大学的发展目标还有一段距离，因此这些高校都希望进一步增加博士点、硕士点，争取早日跻身研究型大学行列。案例2代表的是省属一般本科院校，其中大多数是从学院升格成大学的，现已获得了硕士学位授予权，当前的发展目标是力争获得博士学位授予权，实现由教学型大学向教学研究型大学的转变。

① 周应佳．走发展、创新、特色之路，建设全国知名的有较高水平的教学型大学——在中国共产党××学院第一次代表大会上的报告［EB/OL］．(2008-10-19)．http://www.xfu.edu.cn/sonweb/xfxyyb/zyxx/2008xbl/xdw37.doc.

案例 3 代表的是通过合并或更名，从专科院校升格的新建本科院校，1999 年至 2007 年教育部先后批准建立了 208 所普通本科院校，占全国 740 所本科院校的 28%[①]。这些学校都把争取硕士学位授予权作为当前的重点工程。

除了这些高校以外，还有一些中等专业学校和职业学校（中专）又想升格成为高等职业技术学院（大专），这几类要升格的院校汇集在一起，逐步在社会上形成了一股升格的热潮，已经引起社会各方和有关人士的广泛关注[②]。这种在办学层次上的不断攀升，一方面促进了高校不断向前发展，另一方面也造成了“各类高校争升格，千军万马奔精英”的局面，面对我国高等教育“大众化”的任务，不知道到底究竟由哪一类高校来承担，这也是导致我国高等学校毕业生结构失衡的重要原因。

为了给“升格热”降温，近几年来教育部对高校名称进行了规范限制，对“学院”升为“大学”的条件也作出了明确要求，具体来说就是应当在办学规模、学科门类、较强的教学与科研力量、较高的教学与科研水平等几个方面达到国家规定的“大学”的标准和条件。

一是办学规模：全日制在校生规模应在 8 000 人以上，在校研究生数不低于全日制在校生总数的 5%。

二是学科与专业：(1) 在人文学科（哲学、文学、历史学）、社会科学（经济学、法学、教育学）、理学、工学、农学、医学、管理学等学科门类中应拥有 3 个以上学科门类作为主要学科。(2) 每个主要学科门类中的普通本科专业应能覆盖该学科门类 3 个以上的一级学科，每个主要学科门类的全日制本科以上在校生均不低于学校全日制本科以上在校生总数的 15%，且至少有 2 个硕士学位授予点，学校的普通本科专业总数至少在 20 个以上。

三是师资队伍：专任教师中具有研究生学位的人员比例一般应达到

---

① 新建本科院校如何与“老牌”本科展开竞争 [N]. 解放日报，2008-10-06 (3).

② 唐景莉. 专科学校升格要不要降温 [N]. 中国教育报，2003-12-24 (5).

50%以上，其中具有博士学位的专任教师占专任教师总数的比例一般应达到20%以上；具有高级专业技术职务的专任教师数一般应不低于400人，其中具有正教授职务的专任教师一般应不低于100人。

四是教学与科研水平：(1) 在教育部组织的普通高等学校本科教学工作水平评估中应达到“良好”以上。在近两届教学成果评选中至少有2个以上项目获得过国家级一、二等奖或省级一等奖。(2) 具有较高的科学研究水平：①近5年年均科研经费，以人文、社会科学为主的学校至少应达到500万元，其他类高校至少应达到3 000万元；②近5年来科研成果获得省部级以上（含省部级）奖励20项，其中至少应有2个国家级奖励；③至少设有省部级以上（含省部级）重点实验室2个和重点学科2个；④一般至少应具有10个硕士点，并且有5届以上硕士毕业生。

此外，升格为“大学”还需要在基础设施，实习、实训场所，办学经费，领导班子方面达到国家规定的要求①。

尽管教育部出台了各种规定，目前高校在目标定位中仍有提升办学层次的冲动，办学层次攀高是我国大学组织目标趋同的一个明显特征。

三、办学规模贪大

广义的办学规模包括学生数量、学校面积、仪器设备、图书总量、师资力量和学科专业建设等。本书所讲的办学规模，是指其中的两个主要方面——学生数量（包括招生数量与在校生数量）和学校面积（包括校园占地面积与校舍建筑面积）。

从学生数量来看，我国高等学校的招生数和在校生规模持续增加。据统计，普通高等学校全日制本专科在校生平均规模已从1992年的2 074人增加到2006年的8 148人②（详见表3-4）。

① 教育部. 由“学院”更名为大学需要具备哪些条件？哪些是硬性条件？［EB/OL］. http：//www.moe.edu.cn/edoas/website18/71/info1228706013789671.htm.

② 教育部. 普通高等学校校均规模［EB/OL］. http：//www.moe.edu.cn/edoas/website18/96/info33496.htm.

表 3-4　普通高等学校校均规模　　　（单位：人）

年份	1992	1993	1994	1995	1996	1997	1998	1999	2000	2001	2002	2003	2004	2005	2006
全国平均	2 074	2 381	2 591	2 758	2 927	3 112	3 335	3 815	5 289	5 870	6 471	7 143	7 704	7 666	8 148
本科院校	2 676	3 094	3 418	3 632	3 857	4 062	4 418	5 275	6 916	8 730	10 454	11 662	13 561	13 514	13 937
专科院校	1 051	1 235	1 338	1 405	1 466	1 594	1 701	1 975	2 282	2 337	2 523	2 893	3 209	3 909	4 515

有学者通过对我国 45 所财经类全日制本科院校网站的访问调查，发现办学规模普遍“趋大”。2006 年，45 所财经类本科院校在校生平均数约15 000 人,最高的为山西财经大学，在校生总数为 35 000 人，最低的为上海金融学院，在校生总数为 4 000 人。15 000 人及以上的院校为 24 所，占总数的 53.33%；15 000 人以下 10 000 人以上的院校为 12 所，占 26.67%，1 万人以下（含 1 万）办学规模的院校只有 9 所，占 20%。可见，80%的财经院校是万人办学规模①（见表 3-5）。小于万人规模的 9 所院校中，有 4 所是 2003 年以后从专科（高职）新升格的本科院校，正处于成长期，其办学规模尚未定格。如果撇开这 4 所新建本科院校不算，那么只有 5 所学校建校时间较长，它们分别在 20 世纪 50 年代、改革开放初的 20 世纪 80 年代建校，规模扩张不快，在较长时期里保持了一个较小的办学规模。参照表 3-4 中的数据，2006 年我国普通高等本科院校平均在校生 13 937 人，显然财经类院校的平均办学规模已经超过了本科院校的平均水平。

表 3-5　2006 年我国财经类本科院校在校生规模分析表

在校生规模（人）	学校数（所）	所占比例	备 注
15 000 以上	24	53.33%	最高为 35 000 人
10 000～15 000	12	26.67%	
10 000 以下	9	20%	最低为 4 000 人
合计	45	100%	

① 徐静镠. 我国财经类本科院校办学趋同现象解析 [J]. 华东经济管理，2008(8)：117-120.

办学规模大未必不好，问题在于“一律”的“大”。随着我国高等教育大众化进程的加快，目前许多学校在规模上已成为“巨型”大学，却仍然将扩大规模作为未来一段时期的办学目标。一些办学者认为，没有一定的规模，就没有形象，就没有地位，就没有效益，就缺少服务经济社会发展的能量。可见，规模在某些高等教育办学者的头脑中，代表着大学的形象、地位与效益。因此，不少高校（尤其是省属地方院校）都把扩大规模作为提高学校办学效益的重要手段。比如××大学在“十五”末期本科生以及研究生在校生已分别达到 11 835 人和 1 536人，该校计划在“十一五”末期本科生增加到 15 000 人，研究生数量扩大近 1 倍，增加到 3 000 人①；又如××工程大学计划到 2010 年，主体办学规模为 2 万人，其中全日制在校本科生达到 18 500 人左右，年均递增 8%左右；硕士、博士研究生达到 1 500 人左右，年均递增 20%左右②；还有前文××学院的“报告”中也明确提出了要“扩大学校办学规模”，达到多少的目标。这种认为“谁的学校规模大、人数多，谁就可以获取更多的教育资源”的错误理解，导致一些学校不顾自身师资和教学设施等条件制约以及社会实际需求，盲目设置专业和扩大招生，带来了教育投资分散、资源利用率低、规模效益差等不良后果③。

国外的高校，办学规模有大有小，较少趋同。以美国为例，现有 1 800所有权授予学位的高校，办学规模都不是整齐划一的，在校生数万（甚至十几万）人的巨型大学与只有数百人的袖珍学院比肩而立，2004 年并列世界第一的两所大学，哈佛大学有近 2 万名学生，而普林斯顿大学只有 6 500 名学生；美国加州理工学院，一所只有 112 年历史、教师

---

① 湖北大学建设与发展“十一五”规划［EB/OL］. http：//www.hubu.edu.cn/hdjj/fzgh.aspx.

② 武汉工程大学“十一五”事业发展规划［EB/OL］. http：//youth.wit.edu.cn/stu3/readnews.asp?newsid=662.

③ 温艳，彭兰．我国高等教育资源配置对高校办学行为的影响［J］．大学教育科学，2006（3）：34-37.

数不足 300 人、本科生数不足 1 000 人、研究生数不足 1 200 人的袖珍型大学，却是全美 3 000 多所大学中连续三年（2000—2002 年）位列前四的世界一流大学。相比较而言，在我国高等院校中却很少有维持现有规模不变的学校，中国科学技术大学是一个例外。在我国一流高校中，中国科学技术大学成立的时间最短，可是每 1 000 名毕业生就产生 1 名院士、700 多名硕士博士，比例居全国高校之首；但它的招生规模几乎 50 年不变，50 年前，建校时首批招生 1 634 人，50 年后，每年招收本科生 1 860 人，且 7 年来一直都维持不变。

扩大学校面积是办学规模贪大的另一个表现。我国高校在经历了合并、调整后，现在又进入了另一个高潮：兴建新校区、兴建大学城，各大学纷纷加入“圈地运动”的行列。某大学为迎百年校庆兴建的标志性建筑——双峰裙楼（双峰各有 33 层）的建筑面积（11 万平方米）为该校在 1952 年成为全国重点大学时全校建筑总面积（6 万平方米）的近两倍，数幢新建大楼的总面积超过18 万平方米，等于 1978 年的全校建筑总面积。除了向高空发展，还在平面上延伸，该校校园面积将从1 800亩扩大到 6 500 亩！与此类似的现象在许多高校中都已出现，目前计划把校园面积扩大并超过 5 000 亩的高校已不在少数。某省为建大学城已负债 20 余亿。据不完全统计，全国已建和在建的大学城已有 50 多个，其中，南京的仙林大学城宣布投入 50 亿元，规划面积 70 平方公里，相当于 26 个北京大学的面积！河北省的东方大学城更建起了豪华的高尔夫球场。

在世界大学排名的各项指标中，并没有校园占地面积或校舍建筑面积这类项目。2004 年与哈佛并列世界第一的美国普林斯顿大学占地 1 820亩，哈佛大学占地 2 300 亩；世界大学排名在 100 名之内的诺丁汉大学（含农学院）占地 3 400 亩。比复旦年轻 6 岁的香港大学，无论是建筑面积，还是校园面积，都远低于 15 年前的复旦，但是它在我国内地招到了好学生，其平均成绩超过了我国内地的名牌大学。它在世界大学中的位置则肯定在前 250 名之内！在高楼大厦闻名于世的香港，香港大学虽处港岛，占地很小，但从未计划建造超高大楼，因为它不符合教学科研的需要！然而，在我国内地，一些高校却不顾办学条件等实际情况的限制，一味扩大招生规模，盲目扩建基础设施，甚至大范围扩展学校校园，从而陷入了“盲目扩大规模—教育质量下降—学校的社会信誉降低—无形资产流失”的恶性发展。

因此，无论是从办学类型、办学层次，还是办学规模来看，大学组织的趋同现象都表现得格外明显，这种组织目标上的趋同，一方面决定了组织结构的设计和变革，另一方面也直接导致组织行为的趋同。

第二节 大学组织结构的趋同

组织的一个鲜明特点就在于其整体性，任何组织都是由许多要素、部分、成员，按照一定的联结形式排列组合而成的。一个组织，除了有形的物质要素外，在各构成部分之间，实际上还存在着一些相对稳定的关系，即纵向的等级关系及其沟通关系，横向的分工协作关系及其沟通关系。这种关系构成了无形的构造——组织结构，它涉及组织管理幅度的确定、组织层次的划分、组织机构的设置、各单位之间的联系沟通方式等问题。因此，组织结构也可以理解为一种组织形式，这种形式是由组织内部的部门划分、权责关系、沟通方向和方式构成的有机整体。

组织结构由其职能决定。从整体来看，大学组织结构的设计和变革应体现大学的核心职能，如研究型大学的科研职能，教学型大学的教学职能等。从个体来看，每所大学组织结构的设计与变革也应体现其特色之处。但我国大学在组织结构上，特别是在内部治理结构上，存在着较为严重的趋同现象，主要表现为大学组织结构的过度科层化与行政化。

科层制（bureaucracy），源于韦伯在其《经济与社会》一书中构建的一种理想的组织结构。韦伯区分了三种不同的统治形式：传统型统治形式、克里斯玛型统治形式和法理型统治形式。这三种统治形式中，法理型统治形式与理性—法律相适应，是现代社会实施统治的合法形式，这种现代社会的组织结构形式被韦伯称为“官僚制”或者“科层制”。一方面，它是专门用来实现某种既定目标的手段，亦即这种组织好像是一架精心设计的机器，意在执行某些功能，而机器上的每个零件都可以为机器的运转发挥最大的功效而起到自己应有的作用；另一方面，这种组织形式是被法律化了的，因为在这种组织中，存在着一系列的运作规则和程序，组织成员必须依法行事。理想化的科层制具有如下几个特征：分工与专门化、法规与条例、权威的层级节制、非个人取向、终身事业取向。韦伯对科层制的推崇缘由是理性化组织在市场竞争中比其他组织更有效率，特别适合资本主义大规模生产、大规模行政管理的需要。但科层制发展至今，其缺点已饱受社会学、经济学以及政治学界一些学者的诟病。反对者认为，科层制容易导致低效率与组织功能失调；科层制权力的无限膨胀阻碍民主的发展；科层制导致对人性的压抑。科层制的这些弊端在现代专业组织中表现得尤为明显。近些年来，无论是大学内部的教师和学生，还是大学外部的其他组织与个人，在与大学的组织机构互动时，都能明显地感觉到我国大学在组织结构上的趋同——过度的科层化与行政化，其表现如下。

一、过度科层化的组织机构设置

大学要顺利实现其教学、科研与社会服务的职能，需要有一定数量的行政管理人员与管理机构为之服务。随着大学规模的不断扩大，大学的管理事务进一步复杂化，客观上也要求管理人员和管理机构的增加。换言之，科层制在当今“巨型大学”的背景下的确是必要的。但科层制与行政机构存在的必要性仅仅表明其服务于教学、科学与社会服务，并不意味着它能取代大学的传统职能。

反观今日的大学，在组织结构上已俨然成为一级政府，非相关职能部门多，且党委行政系统庞大。这一特点已经成为我国大学较为普遍的现象。

让我们来分别枚举一下教育部直属的研究型大学、地方政府所属的教学研究型大学以及一所职业技术学院的行政管理机构（见表3-6)。可以发现，无论是哪种类型的高校，都设置了 30 个以上的党政与直属机构。

表 3-6　三所不同类型大学的组织机构

某部属研究型大学	党群部门：党委办公室、党委组织部、离退休工作处、纪委监察部、党委宣传部、党委统战部、学生工作部、团委、教育工会、机关党委、苏州研究院 行政部门：校长办公室、发展规划与学科建设办公室、人事部、教务部、招生就业工作处、研究生院、科学技术部、社会科学部、国际交流部、财务部、审计处、基建管理部、实验室与设备管理处、采购与招投标管理中心、保卫部、继续教育学院、高新技术产业发展部、后勤保障部 直属单位：档案馆、图书馆、出版社、期刊社、校医院、体育部、人民武装部（军事教研室）、网络教育学院、高等教育研究所、留学生教育学院、附属学校党委、附属中学、分校、发展研究院、设计研究总院、软件工程国家重点实验室、测绘遥感信息工程国家重点实验室、GPS 工程技术研究中心、教育部高等学校师资培训交流武汉中心 产业部门与后勤部门：产业党委、产业部、资产经营投资管理公司、科技园有限公司、后勤集团
某省属教学研究型大学	党群部门：党委办公室、纪律检查委员会、党委组织部、党委宣传部、党委统战部、工会委员会、校团委、机关党委 行政部门：校长办公室、人事处、教务处、科技处、社会科学处、研究生处、学生工作部（处）、国际交流与合作处、保卫部（处）、规划建设处、后勤保障处、审计处、监察处、财务处、离退休工作部（处）、武装部 直属部门：继续教育学院、国际交流学院、图书馆、档案馆、省师培中心、后勤产业集团、网络中心、校医院、资产经营有限公司
某职业技术学院	党政部门：党委办公室（组织部）、学院办公室、人事处、纪检监察审计处、党委宣传部、财务处、保卫处、招生与就业指导处、教务处、教学督导（质量管理）处、学生工作处（学生工作部、武装部）、基建处、校产与后勤管理处 直属部门：科研处（社会职业与职业教育研究所）、对外合作与交流处（国际学院、港澳台办公室）、继续教育管理处、图书馆、卫生工作处、后期服务集团、纺织厂、网络与教育技术中心、校企合作与职教集团事务管理处 群团组织：工会委员会、共青团委员会、学生会

如果我们仔细分析这些党政与直属机构，就会发现其中真正与教学、科研、社会服务职能紧密相关的只有校长办公室、教务处、研究生处、学生工作处、科研处、图书馆等机构，其他许多机构，如监察处、离退休处、审计处、组织部、宣传部、武装部仅仅是简单对应政府部门而设置的。如果单看这些机构，你也许以为这并非一所大学，反倒更像一级政府。因为传统的大学并没有太多的行政机构，除了办公室、教务处、总务处之外，就是各种教学科研单位了。

与教学、科研、社会服务非相关的职能部门并非没有必要设立，但我国大学在设立这些机构时，还给各个机构的负责人安排一定的行政级别。比如，一所学校的学生就业工作原先属于学生工作处来管理，但从我国高等教育大众化以来，学生就业工作越来越重要，于是便新设了学生就业指导中心，级别为副处级。这是一种行政化管理思维的体现，类似的例子还有很多，结果造成我国大学组织内部处级干部、科级干部成堆的现象，有人甚至戏言在高校里“校级干部一走廊、处级干部一礼堂、科级干部一操场”。这些非相关的职能部门从工作需要来说，似乎都有存在的必要，但我们不禁要问：这些部门是否需要单独建制？是否需要配以一定的行政级别？是否需要那么多的人员编制？

非相关职能部门的增多，党政机构的膨胀，导致较为严重的问题：一是机构臃肿、人浮于事、效率低下。原本为教学科研服务的机构，服务意识下降。学校内部普遍存在行政人员占全体教职工比例过大的现象，某些高校行政人员甚至超过了教学科研人员。一位老院长曾私下评论：如果学院的人能少三分之一，那么事情就好办多了；而一位老校长则回应：如果学校的人能减少一半，那么学校就一定能办得更好。这虽然只是私下的评论，但的确反映了大学内部机构臃肿、官满为患、冗员过多的弊病。二是机构繁杂、管理纵向层次过多。大学组织的特点决定了“扁平”式组织结构更适合其功能的发挥，但我国大学目前普遍存在着“金字塔”式的组织结构。例如，我国大学除了常规的处级机构外，处上一级还存在着由副校长领导多个部门负责人参加的、外加常务办公机构的“委员会”；处下一级又存在着一系列的副处级的“办公室”或“中心”等机构。帕金森定律告诉我们，行政机构存在着自我膨胀的内存动力①，因此，过度的科层化与行政化必然造成管理纵向层次越变越多的后果。三是功能系统不健全。即使从纯行政的角度考虑，决策系统、咨询系统、执行系统与监督系统都是不可或缺的，但我国大学行政中的咨询系统与监督系统不够健全、功能发挥不力。这与行政系统集权化的倾向有关，容易导致重大决策中民主气氛不足，政令执行中校正与验证功能不足，从而影响行政系统自身功能的发挥。

与大陆高校复杂的行政系统不同，台湾高校的行政组织设置相对精简，一般不超过10个部门，如图3-1。

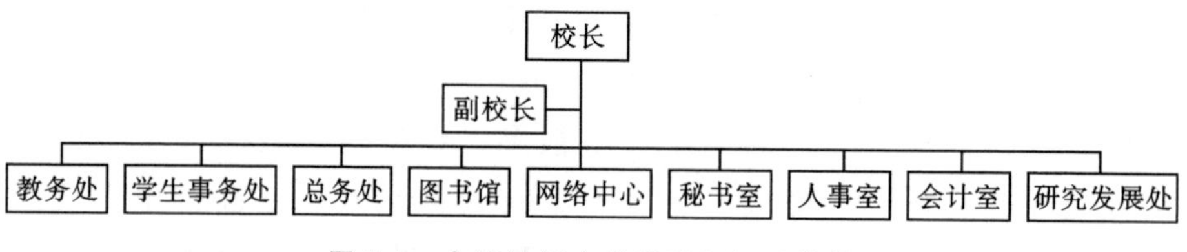

图3-1 台湾地区大学行政组织系统②

而美国四年制学院的行政组织则更为简单，且更为多样化(见图3-2)，有的大学采用事业部制的内部管理体制，有的大学采用“校长直接领导下的教务长主持制”，有的大学则采用“校长直接领导下的副校长分工制”，因校而异，因地制宜，并不存在我国大学组织结构的普遍趋同现象。

---

① 美国著名历史学家诺斯古德·帕金森通过长期调查研究，著有《帕金森定律》一书，他在书中阐述了机构人员膨胀的原因及后果：一个不称职的官员，可能有三条出路。第一是申请退职，把位子让给能干的人；第二是让一位能干的人来协助自己工作；第三是任用两个水平比自己更低的人当助手。这第一条路是万万走不得的，因为那样会丧失许多权力；第二条路也不能走，因为那个能干的人会成为自己的对手；看来只有第三条路最适宜。于是，两个平庸的助手分担了他的工作，他自己则高高在上发号施令。两个助手既然无能，也就上行下效，再为自己找两个无能的助手。如此类推，就形成了一个机构臃肿、人浮于事、相互扯皮、效率低下的领导体系。

② 台湾清华大学教务处．宣传画册，2002.

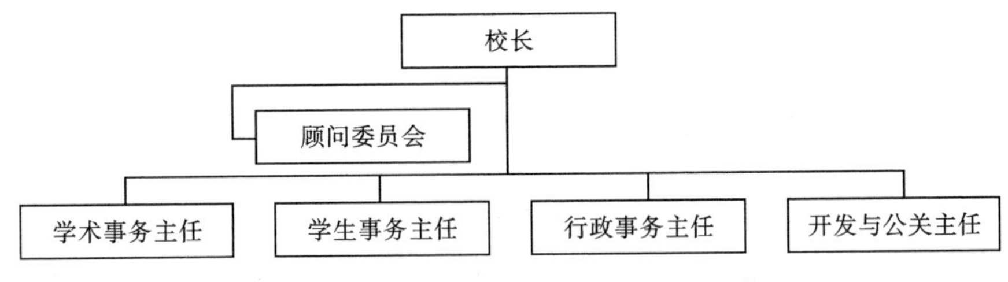

图 3-2 美国四年制学院行政组织机构①

此外，我国的大学组织机构设置上还呈现出明显的“小社会”现象。从表 3-6 可以看出，大学组织结构里还有一些后勤附属部门，比如附属学校、校办产业以及其他一些福利性机构等。这表明中国大学不仅是一个有着较强“行政属性”的教学和科研单位，也是一个生活单位。中国大学担负着人才培养、科学研究、社会服务的责任之外更广泛甚至是过于沉重的社会责任。大学教职工的生、老、病、死、孩子上学、住房、医疗乃至娱乐活动以及职工纠纷都要大学来管。有一位大学校长曾抱怨说，大学除了火葬场没有之外，社会上有的，学校里都要有，使本应纳入市场服务体系的服务机构（如医院、附属学校、澡堂、幼儿园、职工住房管理等）内化于单位之中，这些内部服务机构的财务纳入单位预算，以单位福利的形式向单位成员提供。而在市场比较发达的国家，这些都是由社会来承担。中国大学这种“学校办社会”的“功能泛化”现象给大学增添了沉重的负担，同时增加了办学成本，甚至由于这些方面比重太大而削弱了大学的教学研究功能，从而远离了大学的本质。比如，一些高校每年一次的教职工代表大会所收集的提案，大多与教学科研无关，很大一部分是关于职工生活服务方面的问题。有学者统计，某大学教代会所收集的 129 件提案中，涉及教职工和学生医、食、住、行、安全、待遇、职称评定等切身利益方面的提案近 70 余件，占提案总数的 50%以上②。

---

① 陈学飞. 美国、日本、德国、法国高等教育管理体制改革研究 [M]. 北京：教育科学出版社，1995.

② 李爱民. 对中国公立大学组织的社会学分析 [J]. 现代大学教育，2007 (3)：10-14.

综上所述，我国大学在组织机构设置上大多存在过度科层化的趋同现象，机构臃肿、人浮于事、效率低下是大学的普遍现象。所有生活在大学中的人，无论是学校的领导、老师，还是学生、学员，都能在某种程度上感觉到这一类趋同。

二、行政主导化的权力结构配置

组织结构的核心在于权责关系，制度建设的核心也在于权力结构。高校有别于政府机关的地方在于，高校是行政权力与学术权力并存的二元化权力结构配置。学术权力的主体是学术人员，包括教授、副教授、研究员、副研究员等；以及学术组织，包括学术委员会、学位委员会、职称评定委员会等。学术权力的客体是学术事务，如学位授予、职称评定、学科专业设置等。学术权力的主张来源于学科专业能力，包括专业教师、学者的个人学术权力和学术权力组织。行政权力则依托于制度、组织和行政管理职务。行政权力的主体是行政机构和行政人员，如校长、副校长、院长、各个处室等。行政权力的客体是行政事务，依据法律规章，自上而下贯彻执行。行政权力来自委派任命，位高权就大，权大执行力也就强；学术权力来自学术声望，声望高权威就高。大学的学术权力并不是外部赋予的，它是大学内在的、自下而上产生的、合乎逻辑的、符合客观要求的权力。学术权力的价值追求是保证学术标准得以贯彻，保证学者所从事的学术工作得以发展；行政权力的价值追求在于维持学校的正常秩序，保障大学组织目标的实现，保证教育方针和办学理念得以落实。

根据结构功能主义的观点，组织结构从功能上可以划分为三个层次：技术层、管理层和制度层。其中，组织结构的核心层是技术层，在那里从事主要“产品”的生产；在技术层之上是管理层，其主要功能是协调组织与任务环境之间的关系；最高层是制度层或称之为制度系统，它的功能是将组织与更大的社会系统联系起来，从而取得组织生存所需要的资源和合法性地位①。如果我们仅看组织的技术层和管理层，就会发现

① 帕森斯．现代社会的结构与过程［M］．梁向阳，译．北京：光明日报出版社，1988.

大学组织的学术权力来自技术层，行政权力来自管理层，学术权力所在的技术层是组织结构的核心层。因此，学术权力和行政权力的互补与协调，对于大学的发展至关重要。这两种权力是相互交叉并且相互影响的，行政权力虽会影响学术权力，但是一个基本的判断是：行政权力不能代替或者产生直接的学术权力。

然而，在我国的大学组织的权力结构中，行政权力却普遍超越了学术权力，学术权力存在被矮化的现象。具体表现在以下两点。

第一，行政权力泛化，全面介入学术组织事务。在我国大学组织内，普遍存在着行政权力对学术事务介入过多，忽视学者对学术事务管理的现象，学术权力在大学的地位没有得到充分落实。其原因在于体制的惯性，仍习惯于用行政管理的逻辑和方式来管理大学，按照行政机构的组织结构来设计大学的内部组织，按行政组织的方式对校、院、系进行权力分配，并赋予其相应的行政级别，确立管理中的隶属和服从关系。大学中的学术组织（如学术委员会、学位委员会、教师职务评审委员会、教学指导委员会等）或者泛化为行政组织，行使某种行政职能；或者作为“虚位”组织，难以发挥实际的作用。学术权力的弱化影响了决策的科学性，降低了决策实施的严肃性，导致了大学管理中不同程度地存在着“议而不决、决而不行、行而未果”的现象，不利于高校的整体发展①。

行政权力介入学术事务主要表现在：首先，行政权力对学术权力组织机构设计的制约。学术权力组织机构要成立，不可避免与行政权力存在着相互分享权力的问题。因而，这一制约往往导致要么“不设”，要么“虚设”，要么“实设而泛化为行政机构”。总之，其权力均受制于行政权力，如有些“实设”的学术组织（学术委员会、评审委员会等）或者受制于行政权力，或者纯粹被泛化为行政机构，直接行使行政权力，由此导致学术机构“面目依然”，使学术权力被“悄然嫁接”，使学术权力与行政权力相互交叉、界限模糊，甚至有的行政权力索性代替学术权

① 钟秉林，张斌贤，李子江．大学如何协调学术权力与行政权力［N］．中国教育报，2005-02-04（3）．

力来管理学术事务、包办学术事务。其次，行政权力对学术权力组织机构中人员组成的制约。这一制约的要害在于安排“什么样的人”进入学术、科研机构的问题。有的学术、科研机构中的成员构成存在着明显的成分缺陷和比例缺陷，其成员多由行政领导及职能部门的负责人占据。这些人员虽然也是相关学科的专家，但很少也不大可能进行跨学科研究，即便研究了，也只能是走马观花、触及皮毛而已。因而，仅仅依其在某一领域，甚至于某一学科的研究来行使超领域、跨学科的学术权力，难免会在学术、科研机构专门学科组成人员的组建决策中受到行政意志的干扰和行政权力的制约。此外，在聘任新教师时也经常出现院长“长官意志”，教授无话语权的情况。再次，行政权力对学术经费使用权的制约。学术经费包括日常经费和专项经费，主要来源于行政权力主体的财政拨款，是学术权力主体行使权力的支柱。没有了经费，学术权力主体的权力行使将是一句空话。因而，行政权力主体在控制学术权力主体的同时，必然要掌控学术经费的划拨权和使用权。行政权力主体控制学术权力经费的方式主要有不拨款、缓拨款、截流式拨款、长期挪用式拨款以及违规违纪侵占式拨款等。最后，行政权力对学术权利主体行使所需设备调配权的制约。学术权力主体要组织开展正常的学术活动，必须具有对所需资源配置（设备、资产等）的调配权，而这些设备的配置权却始终由行政权力主体执掌，如何配置最终仍取决于行政权力主体行使权力的态度、方法及效率，主要体现在“不配置、缓配置和次配置（以旧代新）等方面；配置后出现故障需要维修时，也会出现不维修、缓维修和次维修等现象；应附配的耗材也会遇到一定的困难，当设备老化需要更新换代时则更会受到行政权力的制约”①。总之，泛化的行政权力已严重影响到学术权力的发挥，大学也就难以真正实现“教授治学”的理念。

第二，学术权力弱化，依靠行政权力争取资源。在行政权力强势的现实背景下，被弱化了的学术权力唯有依靠行政权力才能获得更多的资

---

① 杨进安．试论行政权力对学术权力的影响与制约［J］．甘肃行政学院学报，2006（1）：51-53．

源。学者获得行政权力可以在以下几个方面占据更多的优势：首先，获得一定的行政权力意味着更多的资源与话语权。具备一定行政级别的学术人员在各种资源的控制和掌握方面更加方便，从实验室空间仪器的占有和使用、项目资金的评审与分配、论文和成果的署名，到职称评定、高层次人才引进、评奖评优，有行政级别的学术人员无不是当然的优先获得者。其次，具备一定行政级别的学术人员在规则制定方面拥有得天独厚的优势。近些年来，大学组织机构、学术管理等各个方面的改革举措不断推出。改革的“新游戏规则”的制定者往往是行政领导和那些有行政职务的教授。在改革中，一定会出现部分群体利益及地位受损、部分群体利益及地位受益的结果。可想而知，规则制定者是不会损害自己的利益的。实际上，规则制定者往往成了改革的受益者。利益受损者往往是年轻教师以及没有任何行政职务的教师。其三，获得一定的行政级别能满足一部分学术人员“学而优则仕”的愿望。没有行政职务的教授与有行政职务的教授之间的待遇（知情权、话语权、支配权及物质的、政治的待遇）有着天壤之别。然而，有行政职务的教授可以只是象征性地搞科研、搞教学，却往往是课题项目的“老板”，是科研与教学的主宰。

行政权力可以带来如此多的好处，难怪学术精英也想获得更多的行政权力。他们先通过学术成就赢得行政职位，行政职位反过来又进一步强化、巩固自己的学术地位，行政资源与学术地位成为一对相互促进、相互利用的“良性”互动关系。大学内的学术生态圈形成一种学术“潜规则”，即官大学问大、学术权威官僚化，一些人依托行政权力资源，成为获取学术资源分配决定权与控制权、学术评价权的“学术寡头”，结果是在行政权力的竞争中忽视了自己的学术发展，从而影响了整所学校学术地位的提升。

第三节　大学组织行为的趋同

组织行为是社会组织为实现其目标，自行发出动机、采取行动和获得效果的过程，它是组织目标、行动和效果的统一。大学的组织行为是大学对各种内源性或外源性的刺激所作出的反应，是大学组织现象最外显的表现形式，因此大学组织行为在大学的各个方面均有表现。我国大学在组织行为上的趋同与缺乏特色已成为不争的事实，从教育部本科教学评估标准中专设办学特色项目一栏，足可说明办学行为上的特色缺失已成为我国大学较为普遍的趋同现象。我国大学在人才培养模式、专业设置内容、教师管理机制以及融资办学等组织行为上有诸多趋同之处，本节将对其作简要说明。

一、人才培养模式趋同

人才培养模式是人才培养目标、培养内容、培养过程和培养方法的一个集合体。“培养什么人”是大学的首要问题，而“怎样培养”则是教育内容和方法问题。人才培养模式改革，既是大学首要问题的要求，也是大学教育内容和方法问题的要求。它将“培养什么样的人才”这个方向性问题和“如何培养这样的人才”这个技术性问题结合起来，是大学其他方面改革必须围绕的核心。人才培养模式可以粗略地划分为三个层次：宏观层次（如通识教育模式和专业教育模式），中观层次（如各个专业或专业方向的培养模式）与微观层次（如对某一具体知识能力的传授方法）①。目前我国大学在办学行为上最明显的趋同就是表现在人才培养模式上的千篇一律、人云亦云、缺乏特色。

从培养目标看，我国大学在“培养什么样的专业人才”的表述上具有极大的相似性，且这种相似性不仅存在于同一层次、同一类型的学校之间，也存在于不同层次、不同类型的学校之间，使人分不清这些学校在培养专业人才方面有哪些差异性。一位经常收到高校招生简章的高中校长发现，无论是著名的重点大学，还是一般的高等院校，其招生宣传所述的培养目标都极为相似，出现频率最高的短句和词语全是“高水平”“高素质”“高层次”“复合人才”“实用人才”②，让人不明所以。以我国大学普遍开设的工商管理专业为例（见表 3-7），无论是部属的研究

---

① 王伟廉，马凤岐．人才培养模式的改革是大学教学改革的核心［EB/OL］．(2008-11-24)．http：//www.td-school.org.cn/tbdf/uploadfile/200811242306.doc.

② 王建宗．思想雷同与特色办学［N］．现代教育报，2008-10-09（4）．

型大学，还是省属的教学型大学；无论是新设的独立学院，还是办学时间较长的专科学校，在工商管理专业人才培养目标的表述上，几乎没有任何差异，均为“适应……，具备……，掌握……，能从事……”的格式化文本，甚至让人感觉有互相抄袭的嫌疑。总之，从人才培养目标这一点来看，我们看不出这四种不同层次的学校在培养工商管理专业人才方面有何独特之处。

表 3-7　部分大学的工商管理专业人才培养目标

学校性质	人才培养目标
某部属研究型大学	本专业直接面向社会、面向市场，培养具备管理、经济、法律等方面的知识和能力，能适应企、事业单位及政府部门的管理及教育、科研工作的工商管理专门人才。
某省属教学型大学	本专业培养适应社会主义现代化建设需要，德智体美全面发展，具备管理、经济、法律及企业管理方面的知识和能力，能在企、事业单位及政府部门从事管理以及教学、科研方面工作的工商管理学科的应用型高级专门人才。
某独立学院	本专业致力于培养德、智、体、美全面发展，系统掌握管理学、经济学的基本原理和现代企业管理的基本理论、知识与方法，熟悉企业管理相关政策、法律、法规和惯例，具有较强实践工作能力，能在各级各类工商企业、经济管理部门从事管理或研究工作，适应社会主义市场经济建设需要的应用型专门人才。
某专科学校	本专业培养能适应现代市场经济需要，具备管理学、经济学、市场营销等方面的基础知识，掌握现代管理科学的理论、方法和手段，熟悉经济领域的方针、政策和法规，具有较强的创新精神和实际操作能力的工商管理人才，学生毕业后能在各类工商企业、事业单位及政府部门从事管理方面工作。

从培养内容看，通识教育内容不足，专业选修内容不足，是我国大学教育教学中较为普遍的现象。一方面，我国大学教学实行的是“专业模式”，即先确定专业（或专门化）口径，再考虑课程的设置。这一模式的一个最大缺点就是学生接受的通识教育不足。通识教育指的是非职业性、非专业性、非功利性的教育，目的在于培养积极参与社会生活的、有社会责任感的、全面发展的社会的人和国家的公民。缺乏通识教育直接影响学生人文素养以及健全人格的养成，同时对学生毕业后的工

作转换能力与社会适应能力产生了负面影响。爱因斯坦曾说过：用专业知识教育人是不够的，通过专业教育，学生可以成为一种有用的机器，但是不能成为一个和谐发展的人。要使学生对价值（社会伦理准则）有所理解并且产生热烈的感情，那是最基本的。这句话道出了通识教育的重要性。尽管我国部分大学开始向西方的大学学习，在本科开始的一到两年内开设了更多的普通课程与通识课程，但仍然存在诸多问题。比如，在有限的通识教育中，政治课程过多，每个学生平均要学习5门左右的政治课程，且课时较长，然而思想政治课的说教性质并不能有效地起到提升人文伦理素养和思想道德修养的作用。另一方面，本科生的专业选修内容不足。尽管在本科高年级有一定数量的专业选修课程，但这些课程通常是从以前的专业课演化而来，其中的课程基本还是原来专业中的那些课程，还有些课程属于因人设课。这同样导致学生专业视野狭窄，难以应对技术迅速变革、环境急速变化的劳动力市场的要求。

从培养过程与培养方法看，我国大学也有许多趋同之处，主要表现在重知识传授、轻技能培养上。举例来说，一般而言，理工科学生的培养过程与方法应与其他学科有差别，因为理工科的建设要投入大量的实验设备，并且在实验中还要消耗很多原材料与能源，因此理工科的生均培养成本要高于人文社会科学。但根据国家教育发展研究中心2002年对全国20所大学的调查，发现大学的学科间生均经费支出较为接近。如文科学生人均支出0.66万元，工科学生人均支出0.59万元，还略低于前者①。这也从一个侧面反映了这些学校的工科培养似乎接近于文科培养，因为如果严格按照要求开足实验课与实践课，工科学生的生均成本应高于文科学生。现实中，大学生的实践学习工作也一直没有得到应有的重视。毕业生的动手实践能力差，难以通过雇主与劳动力市场的检验，从一定程度上反映了我国大学在培养学生的方式方法上有重理论轻实践的倾向。

综上所述，我国大学在人才培养目标、培养内容以及培养方式方面均存在一定程度的趋同现象，其中有些趋同还是十分普遍的、长期的，

① 马陆亭. 迈向大众化高等教育的政策选择 [J]. 江苏高教，2000 (3)：20-23.

在较短的时间内难以发生根本性变化。高校亟须根据自身历史传统与现实特点形成有特色的人才培养模式。

二、专业设置内容趋同

专业设置趋同是我国大学组织行为趋同的另一个显著表现。在追求招生规模的背景下，许多大学不顾自身的历史与现实条件，也不顾专业学科的长远发展，纷纷追求“大而全”，只要是报考人数多的热门专业、短线专业就匆忙“上马”；还有一些高校则盲目发展新专业，哪个专业投入少就开设哪个专业。这些大学在设置专业时往往不考虑自身是否有足够合格的师资力量、实验条件以及学科基础。我们知道，新兴专业的设置，经常涉及边缘、交叉学科，因此一定要考虑学科依托与投入情况。如果不考虑这些因素，必然会影响学生的培养质量，进而影响学生的就业情况。从短期看，通过开设热门专业增加招生人数，的确可以缓解大学办学资金的短缺。但从学校的长远发展来看，如果缺乏广泛的调查研究和深入的实践探索，就盲目开设热门专业，结果可能适得其反。

以湖北省的本科院校为例，2008 年，全省 58 所本科院校中共有 51 所院校开设有英语专业，紧随其后的是计算机科学与技术、艺术设计、国际经济与贸易和市场营销等本科专业，全省分别有 49、42、41、39 所院校开设（见表3-8）。这些“热门”专业中，办学成本较低的应用人文社会科学类专业占了七成。专科专业的设置与本科专业一样呈现出“扎堆”现象，几乎大部分专科院校都开设有计算机、电子商务、市场营销、商务英语、文秘、会计等专业。

表 3-8　湖北省本科院校开设最多的十大本科专业①

专业名称	开设该专业的院校数（所）	占省属本科院校比例（%）
英语	51	87.9
计算机科学与技术	49	84.5
艺术设计	42	72.4
国际经济与贸易	41	70.7
市场营销	39	67.3

① 湖北省 2008 高校招生目录，湖北招生信息网。

续表

专业名称	开设该专业的院校数（所）	占省属本科院校比例（%）
电子信息工程	38	65.5
法学	33	56.9
信息管理与信息系统	31	53.5
工商管理	30	51.7
机械设计制造及其自动化	29	48.3

专业设置雷同度较高的专业一般具有以下两个特征：一是办学成本相对较低。一些应用人文社会学科专业几乎不需要投入任何实验设备，只需要支付教师的工资与课时费即可，至于实习基地建设等工作，往往不在办学者的议事日程之内。二是专业往往因人而设。有趣的是，这与政府部门安排富余人员有极大的相似之处。以新闻专业的设置为例，某些学校的新闻学专业设置之初就是为了给中文系老师找出路。这样的学校所办的专业在办学理念、设施条件上都不能符合基本的要求，办学质量难以保证。

在一个时期内，由于经济社会发展对劳动力市场的要求，会出现大量需求某种专业毕业生的现象。因此，大学的专业设置在一定程度上趋同是无可厚非的，也是有益于经济和社会发展的。但要注意的是，由于大学教育的培养周期有一定的时间滞后性，在一段时期热门且大量重复、高度雷同的专业和学科，经过 3～4 年之后有可能变得不再热门。对于那些在专业设置上没有做好充分准备就完全“跟风上”的学校，届时极有可能出现学生竞争力低下，毕业即失业的后果。这已是被事实证明了的结论，比如在 20 世纪 90 年代中期，高校中出现了会计专业热。当时全国每 10 个大学生中，就有 1 个是学会计的。没过几年，就出现了会计专业学生就业难的状况。但高校往往对就业情况的反应比较迟钝，以日益趋向冷门的专科财会专业为例，2001—2003 年，其人才需求量从第 6 位下降到第 10 位，呈明显下降趋势；但人才供给量却从第 5 位上升至第 4 位，反倒略有增加，远远不能适应人才需求减少的趋势①。因此，

① 江小明，李娟娟．以就业为导向规划高职专业设置［J］．职业技术教育，2005（4）：40-43．

专业设置雷同极易造成就业市场的结构性失业现象，即某个专业的毕业生数量普遍过剩，而另一个专业的毕业生又存在着明显不足。此外，专业设置高度雷同对学校自身也无益处，它使得教育资源平均、分散配置，不利于特色优势专业的形成和专业质量的全面提高。

一些办得较好的大学在专业设置上一向比较谨慎。以香港城市大学为例，在其短短二十多年的发展过程当中，能够取得现在这么好的成绩，获得国际上的认可，主要是因为学校从办学一开始，就不重复其他学校的优势学科，真正做到了“人无我有，人有我优，人优我新”。比如，在商学、工科、人文社会科学方面，香港城市大学一直突出专业性和应用性，突出学习和就业的关系，受到了学生以及评估机构的高度评价。当然，大学的专业设置也与政府管理有很大关系，香港城市大学学生招募总监2008年在内地招生时提到，香港特区政府管理学校时不希望太多的学校进行重复建设，希望在有限的资源之内各个学校发展自己的特色①。总之，只要学校在教育办学上有充分的自主决策权，在微观的专业设置行为上较少受到政府的管制，专业设置重复雷同现象并不是不能克服的。

三、教师管理机制趋同

大学肩负着知识创造、知识传播与知识运用的重要使命，同时也肩负着培养和造就具有创新精神和创新能力的高素质人才的艰巨使命，因此，教师应该居于大学组织的核心地位，对教师的管理也应处于大学组织人力资源管理的核心。不同的大学在教师管理机制上应各具特色、不拘一格，但我国的大学组织在人才引进、聘任考核、激励机制等方面却是千校一面。

从人才引进看，各高校对教师招聘都提出同样的要求，例如不同层次的院校都提出招聘院士、博士生导师、教授和博士毕业生，并以优厚的待遇来吸引高层次人才。一些大学为了提高知名度和教师水平，都会采取较高的薪酬等方式吸引其他学校的教授来学校，致使欠发达地区的

① 香港城市大学学生招募总监谈08内地招生［EB/OL］. http://www.gohku.com/read.asp? AdvID=1407.

优秀教师流向发达地区，非重点大学的优秀教师流向重点大学，重点大学之间也相互“挖人”，导致高校教师队伍的不稳定。在人才引进工作中主要存在以下几个问题：一是重学历、轻能力的“唯学历论”；二是重学术业绩、轻道德要求；三是人才引进工作比较盲目，不管学校是否拥有相应学科的基础条件，只要是院士、“长江学者”就无条件引进，有些层次较低的学校甚至无条件引进博士；四是缺乏淘汰机制，不合格者很难予以淘汰。

从聘任考核看，各高校对教师教学工作量、论著的数量和等级、科研立项的等级和金额，以及获奖情况都制定了相似的考核标准。首先，教学工作量是最容易量化的指标，各高校对教师的周课时都有明确的数量要求。一般为 6～12 学时，越是地方大学、新建大学和民办大学，教师的课时定额越高，据说有的已经达到 20 学时以上。其次，按照教师的职称，规定每一个教师一年必须发表若干篇论文和著作，否则在考评与晋升过程中将受到惩罚①。其三，科研立项不仅在高校教师考评体系中的位置越来越重要，同时是学位点申报最重要的指标之一。各高校对国家级课题的争夺已到白热化程度，每到评审季节，各评委住处车马盈门，各种邀请、礼品纷至沓来。一些院校的科研管理部门甚至在北京租房设办事处，专门跑教育部和评委搞好关系。近年来，相当多的高校都出台了一系列政策，没有高等级科研立项或立项经费少的教师，不能招研究生，不能当博导，甚至不能晋升职称。其四，获奖情况也成为高校教师聘任考核的重要指标。尽管评奖泛滥以及暗箱操作等弊端时常被人揭露，但获奖的结果仍对大学教师的晋升起着重要的制约作用，特别是省、部级以上的专业和政治奖励对教师的个人前途会产生重大影响。

激励机制包括激励内容和激励方式两个方面。就激励内容讲，目前我国各高校不同程度存在着重物质激励、轻精神激励，重群体激励、轻个人激励，重职称激励、轻岗位激励，重科研激励、轻教学激励等现象。不少高校管理者认为激励就是物质刺激，比如提供优越的工作、生

① 某大学网络学院的一位 40 多岁的教师，每次职称评定时都是因为论文发表的数量和等级未达到标准，而一直没有评上副教授职称。

活环境，较高的薪酬、奖金、福利待遇等，但高校教师是典型的知识型员工，他们的需要不同于企业一般的员工，仅仅从物质方面给予满足是远远不够的，他们在以下几方面的需要更为强烈：第一，渴望社会、领导、同事、学生的尊重，渴望对其自身价值的认同和被人尊重的需要；第二，渴望学习、进修，不断更新知识体系，实现自身持续发展的需要；第三，渴望施展才华，取得成就，实现自己理想的需要。教师最大的满足莫过于毫无保留地把自己的知识、精力、才能奉献给社会，在教学科研上成功，以及“桃李满天下”。因此，精神激励更适合高校教师，是一种更重要的激励方法。就激励方式讲，我国高校内部普遍采用的是“量化式”的管理方法，很多高校教师的薪酬与其课时数量、发表论文数量、承担课题数量等直接挂钩，导致教师片面追求多上课、多发论文或多做课题，忽视了教学和科研质量的提升。以现行的高校内部科研评价体系为例，这种体系主要由科研项目、论文、专利、项目成果等要素组成，这几个要素通过“计点”“积分”，折算出“学术分”后，便是教学科研人员晋升职称、受聘岗位的主要评判依据。这种科研评价体系类似于地方经济发展 GDP 指标式考核，最大弊端就是重量不重质。如科研被量化成项目的数量多少和经费多少，对论文主要也是看发表的数量。有的重点大学要求高一点，要看发表国内一级论文和 SCI 检索（科学引文索引）、EI 检索（工程索引）等以及被引用论文次数的多少。为了寻找“加分”因素，追求量化分数最大化，许多教研人员长年在外跑科研项目、找关系发表论文，个别人员甚至伪造成果、抄袭剽窃，学术腐败现象层出不穷。

可见，教师管理机制上的趋同直接导致大学组织以及作为大学组织内部的核心成员——教师行为上的趋同，如果这种行为是积极的，我们大可不必担心，任其继续发展下去；但如果这种行为是消极的，我们则必须分析这种行为背后的因果机制，从而尽量避免这种行为所带来的负面影响。

四、融资办学行为趋同

教育财政是教育发展的脊梁，大学的发展离不开坚实的资金支持。近些年来，我国高校在面临资金短缺问题时，无一例外地选择从金融机构贷款办学，在融资办学行为上表现出极大的趋同性。

高校的负债办学行为在 1999 年之前并不普遍。据调查，1995—1999 年间，在教育部所属的 34 所高校中，整体负债额并不高，平均不到 1 900 万元。但自 1999 年高校全面扩招以来，为解决教育资源严重不足的问题，高校竞相改造、扩建或新建校园，在缺乏政府拨款的情况下，银行信贷成了高校筹集建设资金的主要渠道。加之教育部在 2003 年开始实施对本科教学水平五年一轮的评估制度，为了达到评估标准，一些本科院校特别是办学时间不长的本科院校，不惜借贷投入大量资金进行基本建设，使得高校负债办学成为常态。据中国社会科学院发布的《2006 年：中国社会形势分析与预测》显示，在 2005 年以前，我国高校向银行贷款总额达 1 500～2 000 亿元，几乎所有的高校都有贷款。这个数据已经在 2007 年 9 月 12 日的国务院新闻办新闻发布会上得到了教育部部长的证实。以下（表 3-9）是媒体上公开的若干高校负债办学的数据：

表 3-9　部分大学负债情况表①

学校名称	负债数额
吉林大学	30 亿元
广东工业大学	23 亿元
郑州大学	21 亿元
南昌大学	20 亿元
广州大学	20 亿元
中山大学	12 亿元
华南理工大学	10 亿元
南京中医药大学	9 亿元
江苏大学	9 亿元
南京财经大学	8 亿元

高校大举负债办学，如果能高效地用到教育教学上去，倒也说得过

① 根据新华网等相关媒体的报道，经笔者汇总。

去。但负债办学的背后，却是高校在资金使用上的大量浪费与管理不善。大学越修越壮观，越修越豪华，越修越气派，但大学的核心功能——教学、科研与社会服务的水平却并未见得被提高多少，这种现象早已广受社会诟病。有些学校负债累累也正是因为盲目扩张和奢华浪费所造成的。有人戏称："资金要用在刀刃上，中国的大学却把资金用在了刀鞘上"，这真是对高校大兴土木的莫大讽刺。网络及相关媒体关于这方面的报道已不胜枚举：

山东聊城大学校门造价300万元（学校回应媒体的造价）；

中国人民大学食堂花了100多万元建了架观光电梯；

江西南昌大学的大门造价180万（学校回应媒体的造价）；

浙江城市学院北大门造价800万元；

合肥工业大学校门造价500万元；

西安文理学院校门造价120万元（学校回应媒体的造价）；

广东顺德职业技术学院校门造价500万元……

大学的大举负债办学与惊人的浪费行为并存，成为我国大学独有的趋同现象，在这当中，政府主管部门起到了推波助澜的作用。广东某高校领导在接受采访时回忆到，高校扩招早期，由于国家鼓励、地方支持，贷款非常容易。2000年，他在北京参加一个高校校长的培训班，教育部一位领导到班上发表讲话曾说：你们校长要学会花未来的钱。教育部领导的这番动员是有原因的，因为当时的高校校长们"思想还很保守，不敢花未来的钱"；以前不允许学校搞赤字预算，后来教育部事实上默许了可以适当利用贷款①。同时，地方政府为扩大高校招生规模与校园面积，允许甚至鼓励高校贷款，为此一些地方政府还出台了如补贴贷款利息的"利好"政策。不少地区的官员把城市管理和市场运作等手段运用到高校管理，不惜投巨资开发"高校园区""大学城"，频频出台政策鼓励高校搬迁扩建新校区，希望利用高校通过信贷扩大办学规模，以高等教育的发展拉动一个区域的经济发展，乃至拉动一座城市的综合发展。

① 周琼，于宁. 高校还贷危机［J］. 财经，2007（6）：82-84.

大学普遍存在的负债办学现象，导致的一个严重后果就是还贷压力增大。一般而言，银行对高校的信用贷款通常为五年到八年（设备贷款为五年，基建贷款一般是八年），对于在 2000 年前后大举借贷扩建校区的高校来说，从 2005 年起至 2008 年已面临一波还贷高峰。正是在这个还贷高峰时期，许多学校感到压力骤然加大，在部分学校内甚至已经影响到正常的教学科研工作。以表3-9中负债金额最大的吉林大学为例，时任该校党委书记证实，进入还贷期后，教师们对于科研经费不能正常支出和报销意见很大，财政困难已经成为影响学校稳定和发展的首要因素，并在一定程度上损害学校的形象①。

总之，负债办学是我国大学中普遍存在的趋同行为，无论是真正急需资金的学校，还是资金需求不是很迫切的学校，无一例外地想从金融机构融资。这种行为对学校的可持续发展已经造成了较为严重的负面影响，并且其负面影响将在今后相当长一段时期内存在。

上述论及的种种趋同现象，仅为管中窥豹。我国大学在其他许多方面也表现出不同程度的趋同，在此不再一一论述。那么，这种趋同现象到底是什么原因造成的呢？是伴随我国大学产生一直就有的，还是目前环境下的特殊情况？这种现象的存在会给我国高等教育的发展带来什么样的影响？国外大学在发展过程中有没有这样的情况？如果有，它们又是如何看待和解决这一问题的？对于这些问题将在后面的章节中逐步进行论述。

① 941 万平方米校区和 1.7 亿元利息，吉林大学谋大之困 [N]. 第一财经日报，2007-03-27 (3).

第四章　我国大学组织趋同的机制分析

前文从组织目标、组织结构与组织行为三个方面分析了我国大学组织的趋同现象。这些趋同现象有的比较外显，只要与大学组织有过接触的人都能感觉到；有的则嵌入大学组织的内部，只有生活在大学组织内部的人才能有切身感受。但无论是哪种趋同，都与我国大学组织所处的制度环境密切相关。华中科技大学刘献君教授近几年陆续访问了部分高校的党委书记和校长，当问到他们“在工作中感到最困难的是什么”的时候，其中不少人回答是处理大学与管理部门、社会关系之间关系的问题。他认为现在高校中四分之三左右的变化是由外界因素引发的①。这一实证考察从侧面说明了制度环境对大学组织变迁（包括大学组织趋同）的巨大影响。

那么，到底是什么样的制度环境，它又是如何导致大学组织趋同的呢？这是本章要讨论的重点。首先，让我们回顾一下制度环境的定义。所谓制度环境是指一个组织所处的法律制度、文化期待、社会规范、观念制度等为人们“广为接受”的社会事实。从这个定义中我们可以发现，制度环境是由多个因素构成的统一整体，它正是通过这一个个具体的因素对组织产生影响的。对我国大学组织生存的制度环境进行解析可以发现，管理体制、教育政策、外部评价与文化观念是其中最重要的四个因素。这四个因素又在“追求合法性”的大前提下，通过管理机制、模仿机制与规范机制的综合作用，使得我国的大学组织有越来越同形的趋势。在本章中，笔者将从制度环境的这四个因素出发，探讨它们是如何通过三种机制起作用，如何塑造组织的结构

---

① 刘献君．高等学校战略管理［M］．北京：人民出版社，2008.

与行动，从而导致大学组织趋同的。

值得说明的是，大学组织所面临制度环境的四个要素，追求合法性前提下的三种机制，以及在结果上导致大学组织三个方面的趋同，并不完全是一一对应的关系。正如迪马吉奥与鲍威尔所说：对作用机制进行区分，主要是为了分析上的方便，而在实际生活中这三种趋同的作用机制并不是截然分开的①。“环境要素—作用机制—组织趋同”三者之间往往是一对多，或者是多对一的复杂网络关系。这无疑会增加问题分析的难度，对笔者来说也极具挑战性；倘若能把这一问题分析清楚，相信对于高等教育系统与外界制度环境之间的关系会认识得更加深刻、更加透彻。

第一节　管理体制影响下的大学组织趋同

高等教育管理体制主要是指管理部门对各种形式高等教育的管理和监督方式，主要是反映国家和政府对高等教育的基本要求②。这里的管理体制指的是大学的外部管理体制，实际上主要阐述管理部门与大学之间的关系问题。管理部门与大学之间的关系历来是高等教育发展过程中一个非常重要的外部关系，因此高等教育管理体制是影响大学组织发展以及大学组织趋同的首要制度因素，它主要包括以下几个问题：管理部门应不应该管大学？管理部门对大学应该管什么？应该如何管？应该由哪一级来管？大学应该有哪些自主权？

对于管理体制的上述“应然”问题，高等教育界已经有了较为明确的答案。首先，管理部门是否应该管大学？由于现代大学早已不同于中世纪的“学术行会组织”，“绝对化”的自治自由已经消失，而“国家化”的倾向正在增强。高等教育作为国家头等重要的事业，其活动原则必须符合国家的战略需要。第二，管理部门对大学应该管什么？这里涉及的是管理的内容问题。在学界已经达成共识的是，管理部门对大学的

① 沃尔特·鲍威尔，保罗·迪马吉奥．组织分析的新制度主义［M］．姚伟，译．上海：上海人民出版社，2008．

② 邬大光，刘振天．“三个面向”与知识经济时代的高等教育［J］．中国高等教育，1998（12）：9-10．

管理不应只停留在大学内部的运作和管理上，更不应在高校内部的日常事务上，而应着眼于大学系统内外部的宏观关系和高等教育事业的质量标准与方向。具体而言，规划、立法、拨款、监督等工作是管理部门应该做的。第三，应该由哪一级管理大学？这个问题涉及管理体制的层级。由哪一级管理大学各国均有所不同，具体而言，有集中决策、分散决策、集中与分散结合决策三种类型，这三种类型（形式）各有其优点、缺点及适用性。第四，大学应该有哪些自主权？这个问题向来众说纷纭，但在大学招生、校长聘任、教师聘任、筹集资金、专业（课程）设置等方面应当放松管制，赋予大学更多的自主办学权，已经成为高等教育界有识之士的共同期待。

科学、高效、合理的高等教育管理体制能充分发挥大学组织的办学自主性，也能引导管理部门在科学认识教育规律的前提下促进高等教育发展，最终营造出良性健康竞争的大学组织生态；反之，不完善的高等教育管理体制则会禁锢高等教育的发展。在计划经济时代，我国对大学的管理是行政性的，高等学校缺乏自主权，缺乏能主动适应社会、面向社会办学的活力，具有体制性弊端。随着社会主义市场经济体制的逐步建立，我国高等教育管理体制也处于不断的变革中，在推动高校办学自主权方面做了许多工作，也取得了不少成绩，目前已基本形成了“中央和省级政府两级管理、以省级政府管理为主的高等教育管理新体制”①。但是大学外部管理体制上尚有不完善的地方，对我国大学组织趋同现象有一定的影响。

一、行政管理体制与大学组织结构的趋同

迪马吉奥与鲍威尔在预测组织趋同变迁时，提出了一个经典的假设：在同一场域中，组织A对组织B的依赖程度越高，则A在组织结构、气氛与行为等焦点上与B就越相似②。这个假设用来解释我国大学在组织

① 马陆亭．我国高等教育管理体制改革30年——历程、经验与思考［J］．中国高教研究，2008（11）：12-17.

② 沃尔特·鲍威尔，保罗·迪马吉奥．组织分析的新制度主义［M］．姚伟，译．上海：上海人民出版社，2008.

结构上的趋同，即机构设置上的科层化与行政化，是适用的。我国大学在组织结构上趋向于政府组织。

中华人民共和国成立后，对“旧”的国立大学、私立教会大学的接收、改造、合并和院系调整，这是高等教育系统的一个重大的、整体的转型。1953 年，专门成立了高等教育部，对“全国高等学校的方针政策、建设计划（包括学校的设立或变更、院系和专业设置、招生任务、基本建设和财务计划等）、重要的规程制度（如财务制度、人事制度）、教学计划、教学大纲、教材编审、生产实习等事项，统一管理。凡高等教育部关于上述事项的规定、指示或命令，全国高等学校均应执行。如有必须变通办理时，须经中央高等教育部或由中央高等教育部转报政务院批准”①。

“单位制”是我国城市特有的社会结构制度。它的最大特点是单位构成和属性的同一性，社会资源分配的计划性和层次性。大学内大学教授岗位也分为一至七级，其中正教授岗位包括一至四级，副教授岗位包括五至七级②。参与大学活动中的人员的基本生活问题成为大学管理的主要问题之一；学术发展和教学发展，大学组织机构的建立、大学管理规章等都在管理范围内。组织社会学的理论告诉我们，即使一个组织本身具有很高的独立性，“它要想与等级制组织进行互动，那么这个组织至少在仪式上需要有一个正式角色界定的负责人和权威的管理者，而这又肯定不利于平等主义的或集体主义的组织形式的维持”③。我国大学在中华人民共和国成立后在组织机构设置上与政府机构相仿。以组织机构设置来说，受计划经济体制的长期影响，政府组织的机构设置普遍要求“上下对口，统一设置”，这基本符合计划经济时代高度集中的管理决策体制的需要，但在建立社会主义市场经济体制的进程中，这种组织机构

---

① 李刚．大学的终结——1950 年代初期的“院系调整”［J］．中国改革，2003(8)：37.

② 新华网．教育部所属高校启动教师评级定岗，总级别达 13 级［EB/OL］．http：//teacher. eol. cn/zhuan _ ti _ 5118/20080310/t20080310 _ 283987. shtml.

③ 沃尔特·鲍威尔，保罗·迪马吉奥．组织分析的新制度主义［M］．姚伟，译．上海:上海人民出版社，2008.

设置方式已不能适应发展的需要。大学组织的机构设置基本保留了政府组织机构设置的特点。

米诺夫斯基（Carl Milofsky）在研究都市中的社区邻里组织时，发现其中有很多本来有着参与民主的内在要求，但为了获得那些更具等级化组织特点的捐赠组织的资金，而不得不采取等级制的组织形式①。

在大学组织机构的设置中，一些非职能部门的设置并非为了提高大学组织的效率，而是为了满足组织存在的“合法性”需要。有些机构（如离退休干部管理处、统战部、审计处等）是为了与上级管理部门对口而设立的，还有些机构则是为了表示某项工作“意义重大”，受到学校“高度重视”而设立的。这种现象越来越普遍，以至于到了管理部门强调什么工作，大学就设置什么机构的地步。“211 工程建设办公室”“省部共建工作办公室”“迎评促建办公室”等，例证已不胜枚举。有些大学的行政机构已经臃肿到要改革的地步了②。

行政管理体制除了对大学机构设置产生影响外，还导致大学领导者在管理大学方式上的趋同。给大学领导人设置一定的行政级别，以便上令下达、政令畅通；大学又在内部仿照行政机关的方式，任命了更多的带有行政级别的中层管理者，这就形成了“管理者的同质再生产”现象。大学领导人在之前的职业轨迹中，已经历了“预先的社会化，获得了关于他们的个体行为、衣着、组织话语，以及标准的言谈、说笑或招呼他人等一般的角色期待”③。领导人预先的社会化所导致的组织趋同，即是规范机制在起作用。正如本书在第二章中所述的，规范机制产生一群可相互替代的个体，他们占据了各种组织的相似位置，他们所具有的相似倾向会超越组织的多样化传统与控制方式，而影响组织的行为，从而导致组织的同形。大学领导人的行政管理习惯，容易导致他们以学校

① MILOFSKY C. Structure and Process in Community Self-Help Organizations. Working Paper No. 17. New Haven: Yale Program on Non-Profit Organizations, 1981.

② 李剑军. 襄樊学院率先实行“大部制”[N]. 湖北日报，2009-01-23 (4).

③ 沃尔特·鲍威尔，保罗·迪马吉奥. 组织分析的新制度主义 [M]. 姚伟，译. 上海:上海人民出版社，2008.

“管理者、领导者”而不是以学校“服务者”的面貌出现。同时，大学领导人在办学过程中，容易“等上面的精神下来”。有人如此总结我国的大学校长：“专家型的多，管理型的少；理工科出身的多，文科出身的少；硬专家多，软专家少；事务主义者多，从事教育研究的少”①。这些特征尽管描述得不够全面，但的确反映了大学管理者在专业背景和管理方式上的趋同。

二、分权激励机制与大学组织目标的趋同

如果说行政管理体制使大学来建立组织机构的话，那么分权激励机制影响大学组织变迁，则是间接的、非正式的、弱意义上的。但只要“一个场域中的组织与政府机构之间的交易程度越高，则作为一个整体的场域中的组织同形性程度就越高”②。

我国高等教育的分权激励机制，源自20世纪90年代末以来的高等教育管理体制改革。在改革之前，我国高等教育的基本格局是中央一套，地方一套，低水平重复建设。有的地方就形成“你有什么，我也有什么”的办学方法，与中央部门所属院校和专业设置重复。李岚清曾形象地描绘当时高等教育资源被分割的局面，如同“一块蛋糕，先被横切，再被竖切，左切右切，最后被切成蛋糕屑了”③。通过“共建、调整、合作、合并”的改革后，打破了条块分割、重复办学的局面，实现了优势互补，教育资源的合理重组、配置和充分利用，而且调动了中央、地方及社会各方面参与办学的积极性，使教育质量和办学效益有了明显提高。目前已形成“中央和省级政府两级管理、分工负责，以省级政府统筹为主，条块有机结合”的体制框架。部属高校与地方大学共同组成了我国高等教育的整体局面。到2005年，中央部委高校共有111所（其中教育部直属高校73所，其他部委所属高校38所），地方本科高校597所，地方专科高校1 084所，全日制普通高校合计1

---

① 熊丙奇．体制迷墙——大学问题高端访问［M］．成都：天地出版社，2005．

② 沃尔特·鲍威尔，保罗·迪马吉奥．组织分析的新制度主义［M］．姚伟，译．上海：上海人民出版社，2008．

③ 李岚清．李岚清教育访谈录［M］．北京：人民教育出版社，2003．

792所，此外还有481所成人高校①。从数量来说，地方政府管理的高校数量远远超过中央部委管理的高校数量，但中央部委管理的几乎都是办学水平较高的全国重点大学，教育部直接主管的重点大学尤其如此。

在这一框架下，地方政府获得更多的权力，也有更多的发展高等教育的动力和压力。高等教育对地方发展、政府政绩、社会满意度的作用日益显现，使得地方政府扩张本地区教育的积极性不断增长，并形成各地区之间的高等教育发展指标的竞争。首先，高等教育在国家和地方发展中的重要作用越来越明显。大学作为促进经济发展的“发动机”，作为地方社会文化发展的支柱，对地方的社会进步起到了积极的作用，这种作用使得政府越来越关心大学的发展。其次，高等教育发展的水平成为地方政府的重要政绩指标之一。近年来政府改革中，重视作为政府公共服务的重要部分的教育领域，在中央政府和地方政府的五年一次的发展规划和每年的发展计划中，都将国家和本地的高等教育的发展水平作为政府的主要任务和政绩指标，特别是地方政府在地区间经济和社会差异比较中，更注重将本地区大学的学校数量、在校生数量等指标与其他地区进行比较和规划，这样就促成对高等教育发展指标的追求。第三，努力扩大高等教育的供给以满足民众的高等教育需求。近年来，社会普遍关注公共领域的变化和公共利益的保障，作为独生子女时代学生的父母更关心子女的教育，教育作为人力资本的投入已经获得广泛认同，因此，希望进入大学学习成了绝大部分学生和家长的需求。

在分权式管理体制的激励下，地方政府便倾向于给大学各种各样的压力，促使其扩大招生规模、提供更多专业，并提升学校办学层次。以中国科学技术大学为例，时任校长朱清时教授曾坦诚“不扩招，压力很大”。他在接受《中国青年报》采访时曾说：

大家都知道。扩招不仅是上级很想做的事，也是地方政府很想做的，多招些本省的学生，政绩也明显。群众也都希望更多孩子上大学。压力，是不会公开的，只会通过各种暗示传递过来。比如，

① 中国教育事业统计年鉴（2006）．北京：人民教育出版社，2006．

如果扩招了，给你配套的钱就多了，各个上级部门、地方政府，就更关注你们学校了。而不扩招，就冷淡你。我们心中也有数，没有扩招，这些方面势必受到影响。……我们没有建新校园区。当时地方政府要我们带头建，给了很多优惠。我们还是不建。①

我国的高等教育大众化进程中，各地方政府把高等教育毛入学率列为发展指标，当地高等学校接受了扩招的“任务”。像中国科技大学这样的中科院直属的高级别院校尚且有压力，可以想象，地方大学在规模扩张方面所受到的压力会更大。在这种压力的影响下，加之扩大规模对高校自身也有不少好处，各高校呈现出争相扩大规模的趋同现象就不足为奇了。

政府不仅支持学校扩大规模，还鼓励学校提高办学层次，往研究型、综合性、高水平的方向发展，同时支持学校的升格、改名等行为。一些学校不顾自身条件提高办学层次。时任教育部数位领导在不到两个月时间内对某大学进行了两次调研，强调“要加快建设高水平大学的步伐”，并鼓励学校“拉高标杆，提高标准，进一步明确建设高水平大学的目标，推动学校各项事业再上新台阶”。在上级领导的鼓励下，该校已提出要在近两年内“努力在研究生院申报、第十一批学位点申报、‘211 工程’三期建设和进入‘985 工程’高校这四个方面实现新突破”，并称这些工作是“学校上层次、上水平、实现新跨越的重要着力点”。而实际上这所大学合并不到 8 年，省部共建也只有 5 年，办学历史极短；且仅有几个学科能在全国排上名次；只是近几年该校在新校区的建设上成绩较好，研究生规模扩大至一万多人②，此外并没有多少证据证明该校能“加快建成高水平的研究型大学”。但该校显然已经将建设“高水平的研究型大学”作为奋斗目标了。我们知道，这一奋斗目标主要是靠学校提高自身的办学实力，提高教育科研的水平才能实现的。但从该校的工作

---

① 黄冲．朱清时院士：学校是净土，社会才有希望［N］．中国青年报，2008-11-06 (3).

② 与这所学校一样，很多高校都把研究生规模或研究生所占全体学生比例作为是否是研究型大学的一项指标，但实际上这是一种极为错误的观念。闻名世界的研究型大学——剑桥大学共有 15 000 余名学生，研究生只占到五分之一。

重点看，工作却主要围绕着向上升格和争名上。

上面的例子说明，大学在目标上“类型求全、层次攀高、规模贪大”的种种趋同，并不单单是大学组织的个体行为。它是在高等教育管理体制改革后，大学背后的政府机构办学积极性提高后对其产生的激励行为。在这一制度环境中，大学要想快速发展，首先要争取的就是政策支持，但支持的项目必须是目标非常明确具体的，而笔者在前面分析过，大学组织的目标是模糊性的。因此，诸如“建设高水平、研究型、综合性大学”“进入××工程”“申报升格为大学”的奋斗目标才是明确的。

三、微观管理习惯与大学组织行为的趋同

管理体制决定着管理部门对大学的管理方式与管理内容。微观管理的习惯与前面的行政管理体制一样，通过自上而下的机制，对大学的发展过程、办学行为趋同有影响，如图 4-1。

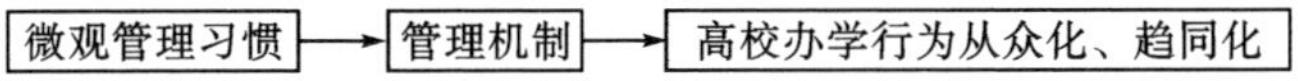

微观管理习惯 → 管理机制 → 高校办学行为从众化、趋同化

图 4-1　大学组织行为趋同逻辑图

首先，在对大学的管理内容上，即“管什么”的问题上，倾向于管理大学具体的办学事务。具体而言，我国大学在招生、学科专业设置、教学管理、教职员工聘任、财务自主等诸多方面与环节上缺乏一定的自主权，下面的这个例子较好地说明了这一情况。

湖南一所大学，各专业开设的课程大体分为公共课与专业课两大块，两大块所占课时及学分比大致为 4.5∶5.5。这一比例分配，削弱了专业课的分量。对此，各个专业颇有意见，想要提高专业课的比重，纷纷向教务处提交课程结构调整报告。教务处被迫召集各专业负责人与教师代表开会，专门讨论课程结构调整问题。大家提出了“政治理论课门类太多，可以整合”“公共外语课课时太多，需要压缩”“专业课是大学教育的基石，必须加强”等建议。教务处长说：“我的想法跟大家的差不多，但我做不了主，还是请主管校长来吧。”主管校长听取意见以后说：“大家的意见都很好，我也是这么想的。不过，公共课的开设是教育部定的，各个高校都这样，我们

不能动，也不敢动！”于是，大家白忙活了一场。[①]

从教师聘用看，虽然高校可以“自主确定教学、科学研究、行政职能部门等内部组织机构的设置和人员配备；按照国家有关规定，评聘教师和其他专业技术人员的职务，调整津贴及工资分配”。但实际中易受“单位制”的多种条件限制，造成“能进不能出，能升不能走”的问题。教师如果落聘，因为是“单位人”而非“社会人”，因此“校方不能把责任全部交给社会，要负担落聘者，要想办法为他们的流动创造条件，要给他们基本的生活保障，要完成无数诸如此类本应由人才市场以及社会保障体系来完成的工作”[②]。一些大学在各种办学行为上难于创新、失去特色。

其次，政府倾向于“发文式”的管理。“发文式”的管理仍源自高等教育的行政管理体制。通过文件、意见、通知、通告自上而下地传达精神，是我国教育行政管理部门的工作常态。具有行政化的特点，极易导致大学在具体行为上的同质化。以下案例清楚地说明了通过行政化的微观管理方式对高校办学的影响。

2004年6月，教育部针对大学生在校外租借房屋问题发出通知，“原则上不允许学生自行在校外租房居住”。对已在校外租房的学生，应要求其搬回校内住宿；对极少数坚持在校外租房的学生，要向他们耐心说明可能产生的后果和个人应承担的责任，并逐一登记，建立报告和承诺制度，说明租房的原因、房屋详细地址、联系方式，承诺加强人身和财产安全的自我保护，经本人与家长双方签字报学校备案。然而时隔一年，2005年7月，教育部再次下发了《高校学生住宿管理通知》。这一次，不再禁止大学生校外租房，而是“对在校内宿舍和公寓安排确有困难，而须在校外租房的学生，学校也要制定切实措施，力求做到相对集中管理，努力为学生人身和财产安全提供保障”。有评论就说，教育部是自食其令。[③]

---

① 孙复初．办学自主权要交给大学［N］．人民日报，2009-02-05（3）．

② 熊丙奇．大学有问题［M］．成都：天地出版社，2004．

③ 熊丙奇．体制迷墙——大学问题高端访问［M］．成都：天地出版社，2005．

学生的住宿问题显然属于大学组织中学生管理的微观内容，不同的学校有不同的校情，有的学校可能因扩招宿舍不能满足需求，那么学生租房是可以理解的；有的学校周边环境差，学生在外租房安全隐患极大，学校应该提供住宿满足学生需求。这种“发文式”的管理易让高校的领导无所适从，既不能不贯彻文件精神，又不得不考虑学校的实际情况。文件通知多了，直接干预多了，自然会使学校在办学行为上产生畏缩。可能在一段时间内，主管部门出于某种原因要求大学这样做，过了一段时间又要求大学那样做，易造成办学行为“一窝蜂”式的趋同现象。

主管部门的微观管理习惯易使大学组织产生一定的依赖感。大学组织在这种制度环境中很难花大气力去思考如何特色化办学、如何提高教育教学质量，从众是风险最小的行为。整个高等教育领域内的从众行为必然导致大学组织的趋同现象。

总之，在行政管理体制和微观管理习惯的影响下，一些高校办学者很少思考过自己应办一个什么样的学校，如何办成这样的学校。尽管有了一定的办学自主权，其仍然会按照“单位”的习惯运作。大学承担社会责任，是以自己的特性、自身发展成果影响社会，而不是曲意迎合社会。面临多变的、复杂的、不确定性更强的21世纪，大学该如何发展的确是一个非常重大的问题，世界各国大学都面临这样的问题。但是，中国大学面临的困境之一就是“不知如何选择”。尽管高等教育研究者和高等教育管理者一再呼吁中国的高校应该办出特色来，各类高校应该找准自己的目标定位，各类高校应该有自己的价值取向，不应追求规模，不要“跟风”等，但是，各大学依然“跟风”，“别人”怎么做，成了“自己”怎么做的价值标准。但是，随着中国高等教育的快速发展以及国际化程度的提高，对大学的过度趋同现象，也亟须进行改革。

第二节　教育政策导向下的大学组织趋同

一项教育政策的制定和实施，对一个国家或一个地区的教育发展具有重大而深远的影响和意义。政策既从宏观上影响教育事业发展的方向、速度、规模和效益，又从微观上影响具体教育活动的质量和效益，关系到社会和个人受教育的机会和质量。根据教育政策的适用性和针对性来划分，教育政策可以分为基本的教育政策和具体的教育政策。基本的教育政策是指具有普遍指导意义、具有最广泛的适用性的政策规定；具体的教育政策是针对教育工作的某一方面，或某一领域所做的政策规定。本书不打算论及具体的教育政策与大学组织趋同的关系。在基本的教育政策中，教育资源的配置政策又是其中最基础、最重要的，它决定着教育系统的结构，也决定着教育系统中的人员政策、质量政策以及其他具体政策。因此，相对于其他教育政策来说，资源配置政策与大学组织的发展以及趋同现象关系最为密切。

布鲁贝克曾说：除非社会愿意重新分配目前用于空间探索、公共卫生和社会福利计划的国家资源，否则根本不可能有足够的人力、物力来普及高等教育。因为这种慷慨的资源重新分配是完全不可能的事情，因此，我们所面临的问题是怎样合理分配有限的剩余资源①。这句话可以充分说明发展高等教育所需的资源在总体上是极度稀缺的。因此，如何在不同的方向上分配有限的人力、物力与财力资源，即资源配置政策，极大地影响着高等教育的发展，同时塑造着大学组织的行为。与管理体制相区别的是，资源配置政策影响大学组织行为并非完全通过自上而下的机制起作用。囿于财政资源的稀缺性，一些倾斜性的资源配置政策扶持少量的大学成为办学的榜样，使其他大学模仿而形成组织趋同。由于大学组织目标天然的模糊性以及大学面临发展环境的不确定性，导致一些大学找不出其他更适合的学习对象，为了提高组织生存的"安全感"，唯有通过模仿受政策倾斜的大学，或者进入政策倾斜的大学阵营中，才能在短时间内加速自身的发展，尽管这种模仿可能会导致大学组织的"形似"而非"神似"。如图 4-2 所示，资源配置政策影响大学组织趋同主要是通过模仿机制形成的。

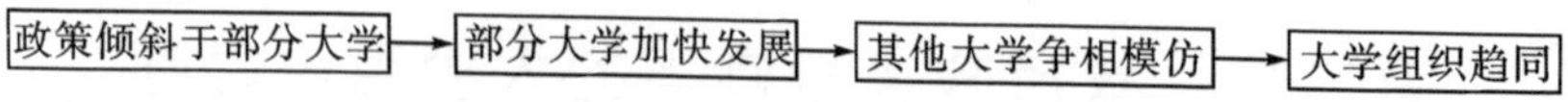

政策倾斜于部分大学 → 部分大学加快发展 → 其他大学争相模仿 → 大学组织趋同

图 4-2　资源配置政策导致大学组织趋同示意图

① 约翰·布鲁贝克. 高等教育哲学［M］. 王承绪，等译. 杭州：浙江教育出版社，2002.

一、资源配置规则与大学组织趋同

高等教育资源通常是指组成、维持、参与并服务于高等教育系统的资源。高等教育资源按照其构成要素的存在形态可以划分为软资源和硬资源。软资源是指在发展高等教育过程中对硬资源的使用和开发所显示出的价值和使用价值，又称为无形资源，包括技术资源和管理资源。硬资源是指可以直接使用或开发其存在价值的资源，又称为有形资源，包括财力资源、物力资源和人力资源。其中，财力资源主要是指各级政府、企业及个人为发展高等教育而进行的经费投入；物力资源主要是指各级各类学校在发展高等教育中所需的固定资产的投入，包括教学场地、图书资料、仪器设备和实验设施以及附属于高校的其他设施等；人力资源主要是指高校师资与管理人员等。无形资源要靠有形资源的发挥才能显现出价值。因此高校要发展，必须充分发挥人力、物力与财力资源的作用。在这三者中，财力资源又是决定其他两种资源的基础。因此，财力资源是各个大学争取的重点。

我国大学自实行成本分担收费上学后，在财政上就形成财政投入与学生学费收入并举的经费来源模式。因此学校财力资源的获取具有一定依赖性。组织社会学中关于资源依附有两个经典的假设：组织 A 的资源供应源集中度越高，组织 A 向其赖以供应资源的组织的同形性变迁程度就越大；一个组织场域在关键资源上依赖于某个（或几个相似的）来源的程度越高，则该场域中的组织同形程度就越高。这两个假设非常符合我国大学组织的具体情况，因此都能在一定程度上解释我国大学组织的趋同现象。

首先，财政投入主要以学生数量和生均成本为基准拨款，这种政策刺激学校扩大规模，并倾向于花掉更多的钱，以提高生均成本。当前，我国高校普遍实行“综合定额加专项补助”的经费拨款方式。这种拨款方式根据生均培养成本、学生人数以及考虑各个高校的特殊发展需要确定经费分配。在实际操作中往往以前几年的生均综合支出水平、经费开支情况为依据来确定各高校教育经费的需求量，在客观上承认了历史支出的合理性，但掩盖了历史支出中存在的问题。同时，在短期内使得教育成本成为获得财政拨款的函数，成本越高的学校获得的拨款就越多，从而诱发教育成本的上升。在定员定额的前提下，高校获得的教育经费又取决于各高校的学生规模，这在某种程度上刺激了一些高校盲目扩大办学规模，争夺有限的教育资源，重复建设，形成各校间过分同质化的局面，影响办学效率。同时，这使得拨款机构很难确定扶持的重点。总之，学生规模越大、现有经费水平和成本越高的学校获得的财政拨款就越多，体现不出教育质量的高低以及教育资源的利用率的差异。一些学校倾向于花掉更多的钱，因为经费支出是可以分摊到生均成本中去的，而生均成本又决定着未来的生均财政拨款。在这种政策的刺激下，有些学校大兴土木，修建豪华的大门楼宇，建造华而不实的广场雕像，浪费行为特别突出。扩大规模、修建大楼成为我国大学的普遍现象，很大程度上是受此财政拨款政策激励的。

其次，财政投入在各大学之间存在明显的“身份制”差异，这种政策刺激学校提高隶属层次，并极力挤进重点建设阵营。中央部属高校和地方高校具有不同的政策环境和资源获得方式，中央部属高校有中央财政的保障，地方高校的财政状况整体相对薄弱，地方重点扶持的大学财政状况相对较好。以生均教育经费支出为例，2005 年，中央部属高校的生均支出为 26 975.19 元，地方高校的生均支出为 12 107.20元，前者是后者的两倍多，在事业性经费和基建支出方面也基本相同①。此外，从财政拨款和学费标准看，重点大学高于一般大学、本科生高于专科生。以表 4-1 为例可以发现，学校层次越低，越依赖于学杂费收入。一些地方大学想争取更多资源，唯有通过拼命“升格”成为更高隶属关系或者成为更高层次的学校，才能得到更多的拨款。

① 刘海波．高等教育管理体制的分权化对高校行为的影响研究［J］．江苏高教，2008（3）：37-40.

表 4-1　2001 年部分普通高等学校学杂费收入占教育经费总收入比例①

	学校教育经费收入合计（千元）	其中：学杂费收入比例（%）	其中：财政预算内拨款比例（%）
清华大学	3 591 414	2.29	75.12
北京大学	2 408 043	3.19	67.37
中国石油大学	247 125	11.58	35.69
对外经济贸易大学	240 084	29.59	40.81
中南财经政法大学	254 904	32.97	50.95
湖南税务高等专科学校	25 688	45.20	45.91
河北防灾技术高等专科学校	23 362	63.15	36.59

最后，学生学费收入主要依赖于学生规模，因此学费政策也刺激学校扩大规模，提供多种教育形式，扩展收入来源。学生学费收入已成为高校收入的重要一块。“从 1990 年到 2000 年，高等教育事业收入中学杂费的收入比例从 1.7%猛增到 20.7%。”② 在学费标准受控的情况下，增加学生人数就成了现实的选择。有的高校热衷于开办高等职业教育，许多高校还通过开设独立学院来筹资。这种由经济利益驱使而导致的高校规模扩张以及增加教育形式的现象，一方面使得不同类型和层次的学校互相抢夺生源，分工不清，定位不明，特色不强；另一方面排挤了职业技术学院和民办高校的办学空间，打击了这些学校的办学积极性，进一步导致大学的趋同现象。

二、资源配置导向与大学组织趋同

资源配置导向指的是资源配置的重点方向以及资源配置的目的。平均化的资源配置可能导致大学组织趋同，但有重点的资源配置同样可能导致大学组织趋同，只是这种趋同更多地是由大学之间的相互模仿实现

① 卢晓东. 确定成本约束下学费、财政经费的市场化互补模型与中国高等教育发展 [J]. 北大教育经济研究（电子季刊），2004（6）：1-23.

② 范文曜，马陆亭. 国际视角下的高等教育质量评估与财政拨款 [M]. 北京：教育科学出版社，2004.

的，比平均化的资源配置效率更高。在高等教育之外的领域，政府经常通过拨款或授予合同等方式认可核心公司或组织，使得这些组织具有合法性和地位上的显赫性，导致竞争对手复制这些核心公司或组织相关的结构或运行程序，以此期望获得相应的回报①。在非营利部门，因为对于共谋（即模仿）不存在法律上的禁止，所以结构化（趋同）会进行得更快。这样的核心组织起着一种主动或被动的示范作用，它们的政策和结构将在它们所处的整个场域中被模仿复制。高等教育领域同样会出现这种情况，尤其是在发展中国家，政府出于国家战略以及本国高等教育发展的现实情况，会通过国家规划和制度优先重点支持部分大学先发展起来，以提高学术科研水平。后进的大学很自然地模仿先进的学校，形成大学组织趋同现象。

首先，我国相关部门通过各种“工程”在资金上优先支持部分大学，形成了榜样效应，其他学校纷纷仿效。20 世纪 90 年代以来，我国相关部门先后实施“面向 21 世纪，重点建设 100 所左右的高等学校和一批重点学科点”的“211 工程”，以及目的为“建设若干所世界一流大学和一批国际知名的高水平研究型大学”的“985 工程”。这两项工程主要以学校为建设单位，以卓越的学术成就为目标，以精英教育为价值取向，向部分高校投入了大量的资金。这两项工程专项资金的年平均财政拨款额占普通高等教育财政拨款和总经费的比例分别达到 18%和 10%左右。以“985 工程”为例，“34 所‘985 工程’一期高校中（其中 1 所大学的专项资金未知），建设目标为‘世界一流大学’的只有北京大学和清华大学，各获得教育部最高的 18 亿中央专项资金；建设目标为‘国内一流、国际知名高水平大学’的共 11 所高校，分别获得教育部和其他中央部委提供的达到或超过 6 亿的中央专项资金；其余建设目标为‘国内外知名高水平大学’的高校分别获得 1 至 4 亿的中央专项资金”②。对于部分高校来说，“211 工程”和“985 工程”的名誉意义大于其经费价值。跻身

① 沃尔特·鲍威尔，保罗·迪马吉奥. 组织分析的新制度主义［M］. 姚伟，译. 上海：上海人民出版社，2008.

② 王莉华. 我国高等教育的绩效专项经费改革及完善思路——以“211 工程”和“985 工程”为例［J］. 中国高教研究，2008（9）：35-38.

于“211工程”和“985工程”能使高校在招生和争取其他经费，尤其是在争取支持和横向科研项目经费时处于优势。资金及其他方面的支持吸引着更多工程外围的学校效仿这些大学的办学模式，向学术型研究型靠拢，并纷纷以进入这些工程为奋斗目标。

这些重点支持政策原本是以建设高水平大学与学科为奋斗目标的，各种工程只是手段，但这个手段通过模仿机制传递后，使得进入工程建设名单成为未进入工程的高校的目标了。组织社会学认为，手段与目标之间关系越不确定，一个组织模仿它视为成功的组织的程度越大，这种模仿机制造成了较为普遍的组织趋同现象。研究型大学的办学特色与学术底蕴很难在短时间内通过模仿生成，位于各种工程外围的高校只能模仿其外在的、表象的、容易发觉的特征。比如，“985工程”和“211工程”学校的研究生招生比例较高，一般高校就争硕士点、博士点，扩大研究生的招生规模与招生比例；研究型大学重视科学研究，有些一般高校就用尽方法靠人脉等去申请各种级别的研究课题、争夺各种名目的奖项；研究型大学在管理中激励教师时总是与研究成果挂钩，一般高校也就“依葫芦画瓢”，鼓励教师在“核心期刊”“权威期刊”上发表文章。这种目标模糊，把手段当目标的模仿行为已经广泛地出现在重点建设以外的高校之中。组织社会学中的“组织生态学派”认为，模仿复制他人的组织，常常没有竞争的优势。由此可见，我国大学组织模仿和趋同行为可能更多地追求的是“合法性表象”。

其次，其他方面的资源配置政策使部分大学形成优势，引导其他高校模仿导致趋同。从学生待遇来说，重点大学学生在各个方面都享有比一般大学学生更多更好的机会：以学生的就业竞争为例，上海市政府在其制定的毕业生进入上海市工作获得上海户籍的政策中，对高校毕业生按照学校层次（如是否为“211工程”学校）、学生成绩等实行评分制，重点大学毕业生的评分数高于非重点高校的学生，体现出地方政府的偏好，这也被批评为就业中的教育机构歧视；以学生公派出国为例，只有列入“985工程”学校的研究生才能进入“国家建设高水平大学公派研究生项目”的筛选，其他高校的学生即使获得国外的录取通知，也不能进入此项目。从科研项目看，各个渠道的科研项目评审专家委员会重点大学占主要地位，因此在科研项目的分配上，重点大学占有优势。就连银行贷款，“是否进入‘985’已成为银行界定高校声望和还款能力的重要标准”。这种学校之间的竞争，使一般大学不断模仿重点大学的办学模式：综合性、研究型与大规模，形成广泛的趋同现象。

重点导向的高等教育政策固然是以提高教育系统的效率为目标，但它的实施应以高等教育系统的科学分类为前提。高等教育分类是指“人们为了更好地认识、研究和引导高等教育发展而将高等教育系统划分成不同的类型和层次，从而确定高等教育系统中各子系统及各要素之间的相互关系（种属关系、并列关系、层次关系）的过程”①。只有在高等教育分好类的前提下，大学才能比较清晰地找准自己的位置。在此基础上，政策在每一类大学中重点支持一部分办得比较好的大学，在资源上实行倾斜政策，才有可能引导其他高校向其学习。换言之，只有树立多种榜样，每一种榜样都能获得其发展的资源，才能科学引导其他高校向这些榜样模仿。因为“一个组织场域中可替代的重要组织模式的数量越少，则场域中的同形速度就越快”②。如果高等教育系统中有多个榜样，在研究型大学中有榜样，在教学型大学中也有榜样；在教育部直属的大学中有榜样，在省级政府管理的大学中也有榜样；在综合型大学中有榜样，在多科性以及单科性大学中也有榜样，并且这些榜样都能得到资源的倾斜支持，才不会导致所有大学都往一个模式中走的混乱结果。

反观我国的高等教育系统，目前高校能够学习模仿的榜样少。进入各种“工程”建设的研究型大学能获得更多的资源；教育部直属或省部共建的高校，以及极少数地方财政实力雄厚且重点支持的地方高校，能获得重点支持。为数众多的且招生占绝大多数的一般高校有被“边缘化”的趋势，特别是一些远离省会城市的高校则分羹无力，在教育资源的竞争中处于边缘。从教育生态学的视角看，在全国2 000多所高校中，近半数地方高校被边缘化了，它们居于高等教育生态金字塔的底部，在

---

① 潘懋元，陈厚丰．高等教育分类的方法论问题［J］．高等教育研究，2006(3)：8-13.

② 沃尔特·鲍威尔，保罗·迪马吉奥．组织分析的新制度主义［M］．姚伟，译．上海：上海人民出版社，2008.

激烈的竞争丛林中面临种种艰难与困境，于夹缝中求生存、求发展。这些高校学习的榜样太少，争取进入各种重点建设工程、争取更高的层级。而已经进入重点层级的大学，奋斗的目标也是更高的层级（如更多的研究生）、更宏大的建设工程（“211”高校力争进入“985”高校）。从这个角度看，大学纷纷求大求全求高、争取升格的趋同现象，是高等教育种群生态所导致的必然现象。

综上所述，重点导向的资源配置政策使得大部分高校在竞争中处于劣势，它们在高等教育场域中能够学习和模仿的榜样太少，为数极少的重点大学在引领其他大学方面缺乏示范性。一些一般高校只能通过升格、更名、扩充规模、提升办学层次、争取更多博士点与硕士点等各种不完全符合自身办学传统和办学规律的手段，来谋求办学环境的改善，获得更多资源与政策支持。它们忽视自身教育质量的提高和办学特色的形成的现象，最终导致我国大学组织趋同现象的出现。

第三节　外部评价引导下的大学组织趋同

教育评价是教育活动的一个重要组成部分，它是以教育目标为依据，运用有效的评价技术和手段，对教育活动的过程和结果进行测定、分析、比较，并给以价值判断的过程。大学的外部评价（external evaluation）指的是大学外部机构或外部机构选拔的人员对大学在各方面办学水平的认证、评估、评定与排名行为。外部评价的机构有官方的、半官方的以及民间的；评价的内容包括大学的教学、科研、社会服务等各个方面；评价的形式也多种多样。科学的外部评价对高等教育系统的质量起到重要的监控与信息披露作用，能引导学生合理选择大学与专业，指导大学认清自身在竞争序列中的地位，以及间接影响大学的资源分配。因此，外部评价是大学生存的制度环境中不可忽视的一个重要因素，外部评价也在某种程度上决定着大学组织的发展特征，以及整个高等教育系统的种群特征。我国大学组织的趋同现象，与大学的外部评价有密切的关系。

与高等教育管理体制和教育资源配置政策相比，外部评价对大学组织的影响更为独特。首先，外部评价对大学组织行为的影响具有时滞性。一般而言，无论外部评价来自政府还是其他机构，它本身要耗费大量时间，且大学在得知评价结果后仍需要很长时间进行相应的整改。其次，外部评价对大学组织行为的影响具有间接性。科学的外部评价通常不会通过直接的命令与指示来指挥大学组织如何行事，而是通过分析大学所提供的各种办学资料数据，得出关于大学办学水平的结论。大学可以关心这些评价结果，也可以对其置之不理；大学可以关注评价结果中被认为重要的部分，也可以忽略其中被认为不关键的方面。换言之，大学组织对于外部评价的结果具有选择性。

从大学产生直至 20 世纪中叶，大学组织并不存在外部评价问题。大学由于其自治传统和小规模的精英化教育，其办学质量、办学水平一直是大学的内部事务，受外部影响并不大。大学的外部评价是高等教育规模日益扩大后，高等教育质量引起社会广泛关注后才出现的。我国大学的外部评价同样出于这个背景。政府组织的大规模本科教学水平评估始于大学扩招后，社会上对大学的评价与排名时间也不长。尽管如此，外部评价还是对大学组织行为产生了一定影响。其中，政府评价的过于“行政化”与社会评价的过于“排名化”是两种最显著的倾向。所谓过于“行政化”，是指一些对高校的评估完全是通过行政机构或行政附属机构，依靠自上而下的行政手段，容易产生忽视高校的学术机构性质、影响高校办学自主性发挥的结果。所谓过于“排名化”，是指将社会评价的结果直接化作大学之间的排名，或仅以排名作为评价目的，这极易导致高校的趋同、互相攀比乃至不当竞争，妨碍高校发展的多样性与个性化。

一、政府评价与大学组织趋同

我国大学的政府评价始于 20 世纪 90 年代初。其中，有计划、有组织的本科教学工作评估历经了合格评估（评 1976 年之后的新建薄弱院校）、优秀评估（评 100 所左右的办学水平较高的院校）以及随机性水平评估（评介于前述两类之间的院校）三个阶段，现在已合并为计划“五年一轮”大规模实施的《普通高等学校本科教学工作水平评估方案》。除了本科教学工作评估外，政府评价还包括高等学校专业评估、党建评估、就业评估以及针对研究生培养的学科评估等。政府对大学进行各种评价是为了促进大学办学质量的提高。以本科教学工作水平评估为例，高校教学评估对改善办学条件、规范教学管理、提高教学质量起着相当大的促进作用，“以评促建，以评促改，以评促管，评建结合，重在建设”的目标在一定程度上得到了实现。但政府评价中仍存在一些问题，这些问题如不解决，评价作为“指挥棒”或“考试题”的作用不仅会大打折扣，而且会引导大学往同一个模式去发展，导致大学组织行为的趋同。本书将以本科教学评估为例，阐述这一问题。

1. 评价标准过于单一，导致大学组织发展趋同

教育评估指标体系是由教育评估目标分解而来的若干评估指标所组成的集合体，以及各项指标的权重和评估标准。它规定了评估的范围、内容和尺度，是开展教育评估的直接依据。良好的教育评估指标体系可以准确地了解教育现状、发现教育问题、有效地推动教育的发展与改革。组织社会学的理论告诉我们：一个组织场域的专业化程度越高，发生制度性同形变迁的组织数量就越多。据此，我们可以得出这样一个假设：评价一类组织的标准越单一，这类组织的行为就越趋同。因为大学如果达到了一系列评估标准的要求，则可被视为在教学职能方面达到了“专业化”水平。现行本科教学评估方案的缺陷就是评估标准过于单一，没有很好地考虑不同类型、不同层次的大学在办学上的独特性，用同一个标准和同一种方式评估高校。因此，单一的评估指标驱使高校往一条道上挤，造成了千校一面的趋同现象。

首先，评估标准未考虑不同类型学校的差别，过于综合化。由于评估结果往往关乎学校生存发展，各类高校都必须削足适履以迎合单一的评估指标体系，结果导致培养模式趋同。通过查阅本科教学评估所设计的指标体系及观测点（参见表 4-2），可以发现对不同类别的学校没有区分度。在“教学基本设施建设”指标中，对校舍、实验室、图书馆等基础设施上的要求对于全国高校是一样的，这迫使高校在一段时间内大搞基础设施建设。而实际上，不同类型的学校对照这些指标要求的实际情况并不完全相同，如果实行“一刀切”的方式，那些暂时达不到要求的学校通过大举负债办学的方式在短时间内达到标准，间接导致我国大学在融资办学行为上的趋同。

表 4-2　普通高等学校本科教学工作水平评估指标体系①

一级指标	二级指标	主要观测点
1. 办学指导思想	1.1 学校定位	学校的定位与规划
	1.2 办学思路	教育思想观念、教学中心地位
2. 师资队伍	2.1 师资队伍数量与结构	生师比、整体结构状态与发展趋势、专任教师中具有硕士学位、博士学位的比例
	2.2 主讲教师	主讲教师资格、教授与副教授上课情况、教学水平
3. 教学条件与利用	3.1 教学基本设施	校舍状况、实验室与实习基地状况、图书馆状况、校园网建设状况、运动场及体育设施
	3.2 教学经费	四项经费占学费收入的比例、生均四项经费增长情况
4. 专业建设与教学改革	4.1 专业	专业结构与布局、培养方案
	4.2 课程	教学内容与课程体系改革、教材建设与选用、教学方法与手段改革、双语教学
	4.3 实践教学	实习和实训、实践教学内容与体系、综合性设计性实验、实验室开放
5. 教学管理	5.1 管理队伍	结构与素质、教学管理及其改革的研究与实践成果
	5.2 质量控制	教学规章制度的建设与执行、各主要教学环节的质量标准、教学质量监控
6. 学风	6.1 教师风范	教师的师德修养和敬业精神
	6.2 学习风气	学生遵守校纪校规的情况、学风建设和调动学生学习积极性的措施与效果、课外科技文化活动
7. 教学效果	7.1 基本理论与基本技能	学生基本理论与基本技能的实际水平、学生的创新精神与实践能力
	7.2 毕业论文或毕业设计	选题的性质、难度、分量、综合训练等情况；论文或设计质量
	7.3 思想道德修养	学生思想道德素养与文化、心理素质
	7.4 体育	体育
	7.5 社会声誉	生源、社会评价
	7.6 就业	就业情况
8. 特色项目		

① 教育部办公厅. 关于印发《普通高等学校本科教学工作水平评估方案（试行）》的通知，2004年8月12日。

其次，评估标准未考虑不同层次学校的差别，过于学术化。以学术性研究型大学为基础制订的评估指标对非学术性研究型大学不公平，并极有可能误导其发展。如表 4-2 所示，“专任教师中具有硕士学位、博士学位的比例”这一指标，无论是综合性大学还是单科型院校，要达到优秀，对此都必须达到 50%以上。这一指标直接催生了评估期内全国所有高校尤其是地方高校引进教师的高潮。总之，目前的评估是以研究型大学为标准来评估所有的高校，用在“精英教育”阶段建立起来的以学术性为主要依据的质量评估与保障体系来评估大众化阶段的高等学校，其结果必然将引导各高校在目标、定位、人才培养模式等方面纷纷向研究型大学看齐。

再次，评估标准过于看重投入指标、轻视产出指标。它关注的是评估客体在过去若干时间内的工作绩效，而忽略了评估客体正在做出的努力、发展的潜力以及试图通过评估获得的帮助。事实上，大学的“产品”是人才，评判大学好不好，要看“产品”质量如何。例如，毕业生在就业市场上是否受欢迎，对社会做出了多大贡献，但这些产出指标无法通过评估得出。因此，如表 4-2 所示，目前对高校的评估中只能过多地设定投入指标，如专任教师中高学位获得者比例、生师比、生均图书设备达标率及课程开出率等，缺少教育教学成果的产出指标。仅有的几个产出指标如就业率、社会声誉等也因重要性程度低及统计“水分”过大而显得无足轻重。这导致高校普遍重视硬件投入而忽视软件建设，重视一时的成果展现而忽视长久的质量保障。这也是高校建设被广受诟病的趋同现象之一。

需要注意的是，大学评价指标的单一化在影响大学组织发展时其作用机制是间接的、规范的、非强制性的。这些指标设置了“优秀、良好、合格、不合格”四个等级，本意是希望高校提高本科教学质量。但实际上只要设置了统一的指标和成绩等级，就必然会导致高校之间的相互“学习”、“面子”竞争与相互攀比，而正是这种相互攀比的心态演化成了趋同行为。

2. 评价方式过于直接，导致大学组织发展趋同

与发达国家广泛采用的政府委托中介机构评价大学不同，我国大学

的政府评价属于典型的“行政性评估”。教育部专门设立高等教育教学评估中心，直接从事评估工作。这种评价方式会对高校趋同行为有影响。

首先，教育行政主管部门是评估主体。由于社会其他各方面很少实质性参与评估过程，不仅评估主体是单一的，指导评估的思想观念、价值取向、评估所坚持的原则和标准也无法兼顾社会需要的多样性。在这种主体单一化评估体制下，一些大学为迎合行政主管部门的评估，必然会使自身的价值取向与行政部门保持一致，这样必将忽视高等教育多样化发展的要求，导致高校行为趋同。

其次，行政性评估导致高校的被动性。当教育行政部门成为评估的主体时，由于行政部门的“权威性”，评估实际成为一种行政活动，评估对象（高等学校）没有权利参与评估的设计与评估结果的处理，只能接受评估，接受据评估结果作出的教育决策，处于较被动的地位。有些高等学校为了应对行政部门制订的一系列评估指标疲于奔命，甚至不惜“剜肉补疮”应对这些指标以讨好上级。这样表面上看起来整齐划一，其实质却束缚了高等学校的手脚，不但无法实现教育评估的积极效用，反而不利于高等教育的个性与活力。而“高校是保证和提高高等教育质量的主体，合理的目标定位、专业与课程设置是保证和提高质量的核心。学生质量是高等教育质量的最终体现，调动学生学习的主动性是提高质量的关键”①。因此，行政性评估导致高校在质量保障上的被动性必须得到改善。

再次，行政性评估导致评估的随意性。行政部门是评估的单一主体，同时具有管理权，因而它是处于监督之外的。这样就不可避免地造成评估活动的随意性。第一，由于对高等教育评估的科学性和复杂性认识不足，高等教育评估被认为是“任何教育行政机构的每个人都可以做的事”②；第二，在评估过程中，对评估技术手段的选择缺乏科学的论证；第三，在对评估结果的处理和运用评估结果进行决策的过程中缺乏透明度，存在随意性。有学者总结道，教育评估中存在着“政府失灵”

① 董泽芳．政府有效评估是高教质量的推动力［N］．中国教育报，2009-02-03（1）．

② 陈玉琨．论高等教育评估的中介机构［J］．中国高等教育评估，1998（2）：23-25．

现象①，即行政性评估可能会造成评估结果流于形式，出现绝大多数参评高校成绩为优秀的怪现象②。同时，评估的随意性可能导致评估太多太滥。“一年到头评估不断，今天财务大检查，明天审计大检查，后天物价大检查，而且还是交叉检查；教学要评估，学科要评估，‘211’要评估，‘985’要评估，社会科学研究基地要评估，科研立项要评估，党建要评估等等”。过多的评估束缚了一些大学的手脚，使之难以集中精力到教学科研中去，唯有做足“表面文章”才能满足这些评估的需要。

最后，行政性评估的具体操作层次过高。教育部评估中心直接评估所有高校，主要通过学校上交的“自评报告”渠道收集信息，评分方式以短期进校集中评估和专家打分为核心。这是很难弄清学校的真实情况的，难以发挥评估应起到的作用和形成长效机制。实际上，高等教育管理体制改革后，省级政府的管理责任增加，而全国绝大多数高校都是省属高校，由省级高等教育主管部门对这些高校实施评估，可能比教育部“走马观花式”的评估效果更好。毕竟省级教育主管部门更了解各省属高校的发展情况，由其制订的评估方案及标准可能更适合各省的省情，不至于全国统一的评估标准抹杀了高校发展的特殊性。评估具体操作层次过高，强化了教育部有关部门甚至司局的权力，会影响学校办学的自主权，导致学校发展模式趋同。

“行政化”的政府评价对高校发展的影响最为直接。尽管并没有要求所有高校都要达到“优秀”的标准，但学校都会因主管部门的“期待”或者其他同类高校的成绩而产生达到“优秀”的压力。这里可以援引教育部评估中心官员曾说的话来证明评估成绩对学校发展的重大影响：从惯例上，学院如果想升格大学，一般要教学评估达到良好，想设新专业，主管部门也会参考一下评估成绩。③ 这种因评估而产生的压力是制度性的，通过命令机制，

① 陈彬，欧金荣. 从“政府失灵”看我国高等教育评估改革 [J]. 高等师范教育研究，2003 (3)：66-69.

② 中国教育新闻网. 198 所高校教学评估结论公布，160 所学校为优秀 [EB/OL]. http：//www.jyb.cn/high/gdjyxw/200805/t20080507_160145.html.

③ “劳了民，花了钱，见了实效，就不是形式主义”——专访教育部评估中心副主任李志宏 [N]. 南方周末，2008-04-17 (3).

迫使大学组织场域中的所有成员去迎合评价标准，而轻视评价的内涵。

二、社会评价与大学组织趋同

大学的社会评价主体包括大众媒体与研究机构。当然，社会评价主体理应包括学生、家长与用人单位等，但这些评价主体不会主动刻意收集所有大学的数据，其评价信息往往只是私下被小规模传播，不会公布于媒体之上。因此，本书中所讨论的社会评价只包括公开于媒体上的大学评价，主要指各种大学排行榜与专业排行榜。

我国大学的社会评价始于20世纪80年代。自1987年中国管理科学研究院科学研究所发表中国第一个大学排行榜以来，先后已经有多家机构组织并完成了30多种不同类型的大学排行。其中比较知名的有网大的“中国大学排行榜”，中国校友会与《大学》杂志的“中国大学排行榜”，中国管理科学院科学研究所武书连研究员的“中国大学排行榜”，上海交通大学高等教育研究所的“世界大学学术排行”（不单纯针对我国高校），以及上海教育科学研究院的“中国本科院校办学能力评估”等。大学排行榜的出现在某种程度上促进了大学社会评价机制的形成，但这一类社会评价往往以简单的排名为目的，在指标设计、评价方式上存在诸多缺陷，很难引导高校特色办学。其中有的排名仅仅出于媒体吸引读者和盈利的需要，对某些大学的声誉还造成了一定的负面影响。虽然不能说大学排名直接导致大学组织发展的趋同，但可以明确的是，不科学的大学排名所得出的结果，必然诱导大学一味迎合指标，是不利于各个大学合理定位并努力办出特色的。

1．评价指标体现不出学校的办学特色

首先，各类大学排行榜普遍只重硬指标，忽视软实力。从宏观上讲，高等学校的综合实力的构成可分为硬实力和软实力两个方面，而且是硬实力和软实力协同作用的结果。硬实力表示有关物质形态的构成因素的全体，主要包括人（教师资源、学生情况等）、财（经济状况）、物（固定资产）等可测量、易量化的硬指标；软实力表示非物质形态的构成因素的全体，指有关学校管理水平（办学活力和办学效益）和办学特色（办学传统和社会声望）及校风、凝聚力等不可测量或难以量化的软指标。实际上，一所高校在教育界和学术界所扮演的角色，与该校的硬实力并不总是一致的，有时甚至会有较大的出入。这是因为，在这些硬实力背后，还有软实力在起作用，学校综合实力是硬实力与软实力相互作用的结果。因而，只基于物化与量化的硬指标基础上的大学排名，是难以代表一所大学的综合实力的。

表 4-3　2008 年网大中国大学排行榜指标体系

一级指标	权重（%）	二级指标	指标权重（%）
声誉	15	两院院士、知名学者、专家、大学校长和中学校长调查结果	15.0
学术资源	20	博士点数（对本科学位点比例）	4.4
		硕士点数（对本科学位点比例）	2.4
		国家重点学科数（对本科学位点比例）	4.6
		国家级实验室及工程中心数（对本科学位点比例）	4.2
		国家人文社科重点研究基地数（对本科学位点比例）	4.4
学术成果	22	科学引文索引 SCI（总量和人均）	8.1
		工程索引 EI（总量和人均）	5.5
		社会科学引文索引 SSCI（总量和人均）	6.2
		中国社科引文索引 CSSCI（总量和人均）	2.2
学生情况	12	录取新生质量（高考成绩）	5.9
		全校学生中研究生的比例	6.1
教师资源	19	专任教师中副高以上人员的比例	8.0
		两院院士人数	5.0
		长江学者特聘教授人数	4.0
		师生比（专任教师数/学生人数）	2.0
物资资源	12	科研经费总量及专任教师和科研机构人员人均科研经费	6.0
		图书总量及生均图书量	3.0
		校舍建筑面积及生均面积	3.0

以网大 2008 年大学排行榜的指标体系为例（见表 4-3），在“声誉”一栏中，只调查了院士、知名学者和大中学校的校长，却没有了解用人单位的意见，让人很难理解。在“学术资源”一栏中，只见到有形的“点”“中心”“基地”数量，看不出无形的教师投入与学术水平。在

“学术成果”一栏中，均以SCI、EI等的论文数量为指标，并不能完全代表论文的质量。在“学生情况”一栏中，研究生占全校学生的比例这一指标令人费解，这无疑使那些不顾培养条件、盲目进行研究生扩招的学校排名靠前，而坚持研究生教育精英化，研究生师生比较低以保证质量的学校则吃亏很多。总之，“不是所有可以量化的东西都是重要的，也不是所有重要的都可以量化”①。用这样一些有形的硬指标来对大学进行评价是极不科学、极不合理的，如果说它能起到作用，至多只会鼓励学校重硬件投入而轻软件建设、争更高层次的学位点而忽视基本的办学质量。事实上，近些年来许多大学都较为普遍地出现了上述问题，造成千校一面的浮躁与趋同现象。这其中不科学的大学排行榜的确起到了推波助澜的作用。

其次，各类大学排行榜普遍在硬指标设计上不尽合理。除了“只重硬指标，忽视软实力”这个缺陷可能导致大学趋同外，在硬指标的设计上各类排行榜也是缺点多多，这同样可能会误导大学远离特色办学之路。以武书连的大学排行榜为例，其指标体系非常简单，包括人才培养与科学研究两项指标。人才培养指标权重57%。此指标细分为两项小指标：一是研究生数量和质量，权重32%；二是本科生数量和质量，权重68%（“质量”又取决于下面的科学研究指标）。科学研究指标权重43%。此指标细分为两项小指标：一是自然科学研究成果，权重80%；二是社会科学研究成果，权重20%。可以看出，该指标体系有两个显著的特点：一是两个指标均为绝对数，学校规模越大，研究生和本科生数量越多，在该排名中就越有利；实际上比规模更重要的，如生源质量、就业质量、深造质量、优秀博士论文等一系列侧重质量的指标，在该设计中均无体现。二是明显向理工类学校倾斜，社会科学的研究成果仅占20%。换言之，即使财经、外语、师范、政法类院校在科学研究方面做得再好，在排名时也赶不上综合型院校，更赶不上理工类院校。如果以此指标评价全世界的大学，估计闻名世界

① 孙琛辉. 上海交大世界大学排行榜遭《科学》质疑 [N]. 科学时报，2007-09-11 (2).

的伦敦政治经济学院（LSE）都会因为质量高但规模小的原因排在这个排行榜的一百名之外了。

2. 评价结果难以显示学校的真正地位

目前的大学排行榜多以排名为直接目的，旨在通过一种整体性与综合性的评价来给学校排出次序，但这并不符合高等教育办学多样化的教育规律，极有可能引导高校走“大而全”的综合化之路。正如潘懋元教授指出的：根据系统工程的原理，局部的优化不等于整体的优化。一所大学作为一个系统，可能由于各子系统的和谐运转而使整个系统处于最佳状态，发挥最大功能；也可能由于各子系统的相互矛盾使整个系统处于不良状态。当然，如果不是对一所大学进行整体评价，只是就某一项目，如生均经费、生均仪器设备、生师比例等教育资源进行比较，排行榜可能有一定价值，但作为对一所院校的整体评价则价值不大①。因此，仅对大学的某些指标进行量化加权处理后的所谓评价结果，并不能确切代表一所大学的综合实力，并不能反映该大学的真实水平与地位，因此并非真正意义上的某种大学排序。

大学排行应当提供的是进入排行榜的各大学相对的质量信息，即大学排行提供了关于一所特定的大学与其他大学相比较“有多好”和“有多差”的信息。我国已有的大学排行，事实上只是根据“质量”的某些方面或其一部分为大学排序，没有任何一个大学排行榜提供关于特定大学的完整的质量信息，如大学教育对求学者的成长发展的贡献，大学教学与研究对国家发展和社会进步的贡献，大学教育与研究对知识增长的贡献，大学是如何使用资源的，大学生能否利用大学现有的学术资源，大学生能否在排行位次高的大学获得良好的教育，大学能在何种程度上满足求学者对大学生活的期望等。另外，现在推出的大学排行榜大都是相对意义上的“最佳大学”排名，却没有给人们提供有关为数众多的非“最佳大学”的任何信息。特别是对大学而言，其所处的校园环境和文化氛围也许比学校有多少科研经费更重要，而这些在一般大学排行中却难以直接体现。事实上，无论是对于政府、大学，抑或是报考大学的高中毕业生，真正有价值的不应当是综合性整体性的大学排

① 潘懋元．一流大学与大学排行榜［J］．求是，2002（5）：5-7.

名，而应该是学科评价以及教学质量评价。但目前所有的社会评价中都难以找到相应的指标去描述。

综上所述，目前的社会评价由于其固有的缺陷，对于大学发展的引导作用远小于其误导作用。由教育的本质属性可知，教育的品质和目的更多体现在非直观的理想层面和价值世界，试图用看得见摸得着的物化、量化指标来解析教育的要义，显然太过于直观，不科学。现代教育应是一种弘扬主体性、注重个性的教育，无论是理论界的研究和倡导，还是实践上的操作和力行，现代教育的发展离不开学校特色的彰显和个性教育的张扬。教育现象是复杂的社会现象，教育行为多是精神形态的创造性劳动，具有无限的多样性。“个性”“特色”“品牌”，既是最宝贵的教育资源，又是最具价值的追求目标。而大学排行评价实行世界统一或国家统一的指标体系，且多是规范化、共性化的直观量化指标。这种过于规范化、共性化的要求指标，过于琐碎、精确的量化描述必然会约束和扭曲大学固有的本质，其结果不仅可能将那些富有特色的大学排除在外，而且会诱导不同的大学追求统一的办学模式，带来脱离实际、千校一面、全无个性的后果。

第四节　文化观念制约下的大学组织趋同

组织社会学中的“合法性”概念不仅仅是指法律制度的作用，而且包括文化制度、观念制度、社会期待等制度环境对组织行为的影响①。如果说法律制度是硬约束的话，文化观念则是一种软约束，它既包括中国的传统文化，也包括现代的社会观念。当这些观念制度被社会群体“广为接受”，成为社会群体的共享观念时，就具有了强大的约束力量，规范着人们的行为。文化观念虽然不像管理体制和教育政策那样对大学组织有直接而明显的影响，它却以一种更微妙、更隐蔽的方式导致我国大学组织形式、组织行为的趋同。西方大多数国家的高教改革多注重自下而上的改革方式，中国的高教改革则一般习惯于从上至

① 周雪光．组织社会学十讲［M］．北京：社会科学文献出版社，2003．

下的改革方式。文化观念会通过信息传播的方式根植到大学利益相关者（包括政府官员、大学管理者、教师、学生、家长等）的头脑中，使他们对“什么样是好的大学”“如何办大学”这些问题产生一种根深蒂固的“规范性”观念，在这种规范性观念的指导下，不同的行动者对大学都有类似的期待，正是这种期待成为大学组织趋同的一个重要来源。

一、中国传统文化对大学组织趋同的影响

一般认为，文化包含物质层次、制度层次和精神（观念）层次。而精神（观念）层次是文化结构的核心部分，包括价值观念、思维方式、审美趣味、道德情操、宗教感情、民族心理或民族性格等。这里主要选取文化结构中的“活的成分”，即文化的“深层结构”①（包括价值观念、思维方式、行为习惯）作为分析的角度，即从本体论、认识论和国民性②三个层面来研究中国的传统文化是如何从根本上影响政府、大学和社会民众，进而导致大学组织的趋同。

1. 强调统一的价值观念妨碍了多样化环境的生成

价值观念是人们心目中关于某类事物的价值的基本看法、总的观念。它表现为人们对该类事物相对稳定的信念、信仰、理想等，是人们对该类事物的价值取舍模式和指导主体行为的价值追求模式。中国传统文化力主“中和”。如《中庸》中讲：“中也者，天下之大本也；和也者，天下之达道焉。致中和，天地位焉，万物育焉。”而“天人合一”思想不仅成为一种人与自然关系的学说，也是一种关于人生理想、关于人的最高觉悟的学说③。“天人合一”既调和了人与自然的关系，也被视为调和人与人关系的重要原则。但其也存在缺陷，强调自然界与人类的和谐与统一，在一定程度上忽视了自然界与人类的分立，掩

---

① 美国学者孙隆基在其《中国文化的深层结构》一书中提出了文化“良知系统”，将其与“遗传系统”相对应，用以说明不同文化之间的差异，并认为其是一个文化最为基本的结构——文化的“深层结构”。

② 冯友兰．中国哲学简史［M］．北京：北京大学出版社，1997．

③ 黄济．教育哲学通论［M］．太原：山西教育出版社，1995．

盖了二者各自的特殊规律；而强调人与人之间的“和为贵”或者“息争”的态度，易造成“自我”的弱化①。

在此背景下，我国大学组织突出共性，追求统一弱化差异的做法已司空见惯。比如在我国，只有“培养高级专门人才”的大学教育目的，而没有真正为地方经济发展服务的“威斯康星思想”。因为传统观念中“求道”即“做大学问”才是大学教育的目的，而实用性的“器物”性知识与技能则受到轻视，似乎比“做学问”要低一个层次。“重道轻器”这一传统观念已经深深根植于初期办学者的思想之中，并通过正式教育和其他网络把这种“规范”传播给更多的办学者。大学的举办者同样只树立极少数几所研究型大学为样板，期待其他大学模仿，从而导致绝大多数大学都会以学术性、研究型为本，以应用性、实践性为末。同时，由于调整大学诸多混乱与弊端的方式主要倾向于借助政府的行政力量，而政府多采用统一的标准，这使得本身独立性不强的高校逐步走向趋同化。

2. 注重整体的思维模式忽视了组织差异性的存在

思维模式是人们在思维中把握世界的整体联系的定格，特别是对于世界的统一性（整体）与多样性（部分）之间关系的稳定的看法②，简单地说就是对一与多的关系的看法。中国传统的思维模式的特点在于注重整体。中国哲学把全世界看作一个整体，把每个人的身心、每一动物、每一植物，都看作一个整体。整体没有被分解为单个的原子，抽象的类也没有还原为具体的个体，一切都是从整体上来把握，一般不讲“一”和“多”的区别。认为“一”即是“多”，“多”即是“一”；所谓“多”只是“一”的影子，其实未曾有“多”。注重整体把握的思维方式，一方面可以从整体的、运动的和联系的角度来看问题，具有整体系统思想的成分，引导人们必然从整体利益出发思考问题、从整体出发强调价值。但是另一方面这种笼统的思维方式不重视也无法充分认识整体的各个组成部分与细节，与注重直觉和直接经验思维

① 孙隆基. 中国文化的深层结构［M］. 桂林：广西师范大学出版社，2004.

② 刁培萼. 教育文化学［M］. 南京：江苏教育出版社，1998.

习惯相联系，因此带来了“思想的朦胧性、概念范畴的不确定性，以至于忽视科学的理论体系的建立”。由于思维方式上采用模糊、中庸的方法，把握事物缺乏逻辑分析，因此在达到目的的过程中往往忽视细致、理性而科学的分析，或以牺牲个体或局部的利益为代价。概括来说，在一定程度上易造成重整体而轻局部、重共性而轻个性等思维倾向。

在这种思维模式下，大学组织的发展便渐渐趋向于“寻求对立面的统一，忽视在对立面斗争中深入揭示其本质规律”①。一方面，导致人们对不同层次、不同类型的学校用同一个标准要求，忽视大学组织差异性的存在；另一方面，由于人们对事物认识的笼统、模糊，无法做进一步精细具体的分析，从而导致大学组织的趋同化发展。

3. 一些行为习惯导致个体独立性的缺乏

行为习惯是指长期形成的、不易改变的典型行为方式，是比较稳定的、有倾向性的行为特点。在我国优秀的传统文化外，还存在盲目服从、吃“大锅饭”、平均主义、相互攀比等消极习性在一定程度上制约人们行为的理性化。回溯20世纪初期，“国民性”问题一直是中国社会与中国文化讨论的热点问题。有学者将从20世纪20年代至今人们所说的国民劣根性归结为两个方面：一是一些不良习惯，如愚昧、守旧、怯懦、盲从、散漫、迟缓、安土轻迁，没有时间观念，没有效率观念等；二是一些不良风气，如重亲朋之间拉关系的风气，敬畏官场的风气，家长独断一切的风气以及“死要面子”。可以说直至今天这些消极的积习仍然存在。

受此影响，在整个高等教育领域，那种盲从、官僚、独断习气盛行，重结果而轻过程、重形式而轻内容的做法比比皆是。大学自律与自治意识也有待加强，在面对外界诸多压力下难以保持特色而盲目跟风。正如易中天教授所指出的那样，由于中国文化的思想内核是群体意识，生活在这种文化中的人，已不是单个的独立的人，而通过他人以及与他人的

① 张立文，等．传统文化与现代化［M］．北京：人民大学出版社，1987.

“关系”来界定自己，确证自己，实现自己的价值[①]。不同大学间的相互确证、相互模仿也正是基于此的。例如，本科教学评估中其他同类学校得了优秀，某所大学如果得不到优秀，其校长和上级主管部门就会“没面子”“脸上无光”。因此，这所大学的领导往往去其他学校参观学习“取经”，或邀请其他学校的迎评专家来“传经送宝”，通过表面模仿来获得一个“优秀”的评价。这种缺乏独立性的大学越多，就会越轻视真正的内涵提升，大学的趋同性就越严重。

大学在影响文化和受文化影响的过程中，无法不面对传统文化的熏陶。英国学者阿什比曾说：任何类型的大学都是遗传与环境的产物[②]。这里所说的遗传就是文化传统。我国一些高校存在强调统一的价值观念、注重整体的思维模式、盲从攀比的行为习惯等，在一定程度上影响我国大学组织的发展，使之个性不足、缺乏特色。

二、现代社会民众对精英大学组织的期待

除了传统文化对大学组织产生影响之外，现代社会民众对大学的期待也不容忽视，这种社会期待在很大程度上引导着大学组织的发展方向。大学是人类社会中最古老的组织之一，探索高深学问、培养社会精英人才作为大学的合法性机制在人们观念中可以说是根深蒂固。在近千年的大学组织发展演变过程中，由于大学组织的不断分化、大学职能的扩展，大学呈现出多样性、多层次性的特点，学术界和教育管理界早已用高等院校这个概念来代替大学这个概念，以区分大学与各类高等院校。但是在人们的头脑中，“探索高深学问、培养社会精英”的大学形象和观念是牢固不破的，并把对大学的社会期待顺延到其他各类高等院校上，成为人们对其他各类高等院校的期望和衡量标准。

尽管从20世纪90年代开始，我国高等教育研究界就开始探讨高等教育大众化理念和各种问题，从理性上已经接受大众化的高等院校与精

---

① 易中天．中国文化现象解密［M］．海口：海南出版社，1995．

② 艾瑞克·阿什比．科技发展时代的大学教育［M］．滕大春，等译．北京：人民教育出版社，1983．

英化的高等院校无论是在高校的使命、承担的职能，还是在主要完成的任务方面都有观念的差异，但是，人们对高等院校的认识和看法仍然停留在精英高等教育的观念上。一些人心目中的大学就是以高深学问的探讨为主要任务的，好的大学就是什么专业的学生都能培养，层次越高越好，这样培养出来的学生就是社会的精英，这些毕业生是要进入社会的高层次、高地位的职业中的。这种对大学的各种外界公认、赞许的形式和观念、做法等“社会事实”所构成的大学“合法性机制”对高等院校的发展有一种强大的约束力，其发展追求都要往研究型大学发展，有了本科学位点就想获得硕士学位点，有了硕士学位点就想获得博士学位点。如果高等院校的发展状况不是这样，就“不符合”人们心目中的大学形象，这类高等院校的存在就会有合法性机制的“危机”。另外，在高等教育界，精英型的高等院校的合法性机制也占据着主导地位。高深学问、高科技对一个国家和社会的发展的作用，使高等教育主管部门和办学者也认为好的大学、一流大学是能够在世界排名靠前的大学，学科能够领先世界，培养的学生能够占据社会声望较高的职业等，在投资、资助方面，这些大学比其他的大学更有机会获得资金，这种认识引导着高等院校这种社会组织趋同，发展方向和发展目标趋同。高等院校在发展追求上也只有这样，才能够符合大众对一所高校的认同，高校的生存才能有社会基础。

从理性上，无论是高等教育研究者、高等教育管理者还是大部分的高等教育办学者，都意识到高校的特色、办学的多样化是符合社会发展对人才的需要的，也是高等院校提高培养人才效率的途径。但是在现实中，一所高等院校的发展又不得不考虑社会对它的期待、民众对它的认同。加上我国社会生产力发展存在不平衡，存在地区差异，市场经济制度不够健全，用人单位在人才采用上难免追求高学历，如本来可以用专科生的工作却聘用本科生；本来可以用本科生的工作则聘用研究生等。低学历的人难以就业，人们就热衷于取得本科及本科以上学历。尽管一些高职院校能培养国家经济发展所需要的实用人才，但是它们不符合人们对高等院校的期待，这类院校的发展就遭遇困难。

可见，任何社会事件和社会行动背后都有着某种心理驱力，这种心理驱力与该社会的文化背景紧密相连，它的形成是长期的、缓慢的，但对社会发展产生的影响却是持久而深远的。从文化观念这一深层次视角来分析我国大学组织发展中的种种问题，能够更加客观和深刻地认识大学组织趋同现象，从而为寻找缓解大学组织过度趋同的对策提供依据。

第五章　中美大学组织趋同的比较研究

要减轻或解决我国大学组织的过度趋同问题，既需要从纵向的历史上探究不同制度因素对大学组织变迁的影响，以找到相应的化解途径；也需要从横向的国际比较中发现“他山之石”，分析外国尤其是高等教育发达国家的大学是否出现过趋同现象，以及是如何解决趋同问题的。在这方面，美国的高等教育史给了我们一个例证。

短短数百年来，美国高等教育从无到有、从弱到强，从模仿英国、德国到引领世界潮流，究竟是什么原因促使美国高等教育取得大的成就呢？我们可以观察到，美国高等教育非常富于多样性，公立大学与私立大学和谐共存，世界一流研究型大学与服务当地的社区学院各展其长，在校生数万（甚至十几万）人的巨型大学与只有数百人的袖珍学院比肩而立。美国高校以个性鲜明的培养目标，服务于特定受众人群，满足了社会需要和个体需要。美国的 4 000 多所高校绝少雷同，它们相互关联、相互补充、各司其职，同时满足精英教育和大众教育所需，成功地实现了政府宏观调控、社会监督评估、市场配置调节、高校高度自治之间的平衡①。然而，如今美国高校的多样化并非与生俱来的，在 20 世纪 50 年代，美国的高等教育系统曾出现结构混乱、定位不明、竞争无序、盲目扩张的局面，美国许多的大学组织也曾有趋同的倾向。美国的大学是如何走出这一局面的？美国是如何实现大学组织多样化发展的？美国的政府在其中起到什么作用？这些问题值得我们认真分析。下面就以 20 世

① 章新胜．加州高等教育总体规划与美国高等教育治理［J］．中国高教研究，2005（12）：39-40.

纪中期美国加州的高等教育为例进行分析。

第一节 20世纪中期美国大学组织的趋同

加州高等教育系统包括三个公立部门（即加州大学、州立学院、社区学院）和一个私立高教系统。在20世纪50年代，加州高等教育系统内部出现了很多问题，例如高校热衷于升格、高校之间职能划分不明确、师资投入不足、教学质量下降、高校间重复建设和无序竞争等。升格与扩张的冲动导致所有高等教育机构出现高度趋同化的现象，而这一现象的产生与当时大学组织发展面临的环境是分不开的。

一、美国大学组织趋同的时代背景

20世纪中期，美国加州的大学面临着巨大的机遇和挑战，主要表现在两个方面。

从高等教育系统外部来看，1957年秋天，苏联人造地球卫星上天，这对视其为强大竞争对手的美国来说，被认为是“极大的世界危机”，“人力资本可能比物质资本本身更加重要”成为当时的共识。美国政府要求美国的研究型大学取得更多更好的研究成果，高等院校被呼吁比过去任何时候都要多地培养具有更高技能的人才①。另一方面，加州立法机关试图扩大制定高等教育政策的权力，把决策权从高等学校接管过来。这与把自治权看得非常重的美国高等院校之间产生了矛盾。公立高等教育各部分是州政府来协调，还是高等教育机构自己来协调，成为双方争执的焦点。

从高等教育系统内部来看，高等教育入学人数剧增，美国高等教育正从大众化向普及化转变，高校之间竞争加剧。第二次世界大战以后，美国出现了近代史上的最高出生率，所有那些在婴儿激增时期出生的年轻人，都已经到了进入大学学习的年龄；此外，每年有50万新移民进入加利福尼亚，加上那些在战前中断了学业的人们重返校园，所有这些原

① 克拉克·克尔. 高等教育不能回避历史——21世纪的问题［M］. 王承绪，译. 杭州：浙江教育出版社，2001.

因使加州高等教育面临着巨大的升学压力。而此时美国处于从“大众化”高等教育阶段向“普及化”高等教育阶段的转变时期，教育民主化的呼声风起云涌，如何适应和满足日益增长的社会需求，对美国大学组织发展给予挑战。同时，加州高等教育系统内部由于入学需求的剧增而不断膨胀，再加上自由竞争的院校市场，使得高校之间的利益争夺变得更加激烈。

二、美国大学组织趋同的主要表现

在一个开放的高等教育体系中，各高校出于相互竞争的需要而不断扩张①。高等学校的“扩张”倾向，既可以表现在学术地位、办学层次的提升上，也可以表现在办学规模、专业覆盖面的扩大上，其目的是为自己赢得最大的发展空间。20 世纪 50 年代，美国加州高等教育界普遍存在着升格的热望和扩张的冲动，整个系统面临着严重的内部职能重叠和无序竞争问题。各高校在组织目标和组织行为上表现出如下明显的趋同。

一是办学层次的不断提升。一些州立学院希望变成羽翼丰满的完全的研究型大学，希望能够授予硕士和博士学位。它们以密西根州立大学(Michigan State University，该校已成功地实现了由赠地农学院和师范学院向州立大学的转型）为榜样，并试图从师范学院向综合性大学发展，且正在增设工程和其他领域的专业，但这种愿望必须经过由加州大学和州立学院的代表组成的联络委员会同意，结果往往被来自加州大学的代表否决。尽管如此，州立学院仍然我行我素，以某种迂回隐蔽的方式继续其提升办学层次的努力②。同时，一些两年制的社区学院希望成为四年制学院。

二是办学规模的不断增加。州立学院分别于 1881 年、1887 年、1897 年、1899 年、1909 年、1911 年在洛杉矶、奇歌、圣迭哥、旧金

---

① 伯顿·克拉克．高等教育系统——学术组织的跨国研究［M］．王承绪，译．杭州：杭州大学出版社，1994．

② 陈厚丰．中国高等学校分类与定位问题研究［M］．长沙：湖南大学出版社，2004．

山、圣芭芭拉、福雷斯诺开办分校，到1958年，州立学院分校总数达到13所。同时，加州大学也在不断扩大规模，吞并州立学院或限制州立学院的发展，如1927年洛杉矶分校成立，1944年将圣芭芭拉州立学院并于麾下，1950年戴维斯分校成立，并建立了逐步吞并州立学院的计划，到1958年，其分校数已达到7所。与此同时，加州另两个高等教育系统——社区学院和私立院校数也分别达到63所和71所①。一些社区学院试图将其招生扩大到整个加州，并且反对有些州立学院授予竞争性的两年制学位；私立院校则害怕公立部门打压它们在公立院校近旁建立校区的行为，“已经使它们感觉受到它们所谓公立高等教育部门不灵敏的扩张的威胁”。高等教育系统内部各个部门之间竞争激烈，关系紧张②。

三、美国大学组织趋同的求解之道——以加州高等教育总体规划为例

1958年，加州社区学院、州立学院和加州大学之间的争论发展到白热化的程度。争论的焦点仍然是社区学院要求升级和增加学校数量，州立学院试图在州高等教育决策中扮演角色，并希望从州政府获得经费，同时要求发展专业教育，尤其在工程学科上发展专业教育，要求获得教育学博士学位授予权，要求有自己独立的管理委员会。对于加州高等教育的这一发展形势，不仅加州大学感到压力，私立高等教育部分，如斯坦福大学也感到一种无形威胁：学院升格后，会与之进行无序竞争。

面对这样的局面，加州州长授权时任加州大学总校校长的克拉克·克尔（Clark Kerr）对加州高等教育总体状况，如对高等教育需求、高等教育经费问题和不同层次的高等教育协调机制等问题进行全面的评估。经过一年的努力，克尔提交了一份加州高等教育总体情况的评估报

① BRACOO K R, CALLEN P M. Competition and collaboration in California higher education [J/OL]. http://www. highereducation. org/reports/calcomp/callen1. shtml, 2005-02-15.

② 克拉克·克尔. 高等教育不能回避历史——21世纪的问题［M］. 王承绪，译. 杭州：浙江教育出版社，2001.

告。该报告在全面评估基础上，建议加州高等教育的发展应该以加州高等教育需求和经济发展为基础，从功能上对加州不同层次的大学进行重新定位。同时建议建立一个协调机制改变当时加州高等教育缺乏规划和协调发展的现状，促进加州不同公立高等教育之间的协调发展。1960年，《加州高等教育总体规划》以立法的形式获得通过并付诸实施，其主要特点就是对加州公立高等教育进行功能分层①。

首先，确定了加州公立高等教育的三个层次结构，并确定了三个系统的协调管理模式。即加州大学保留原来的董事会制度；加州州立学院系统建立独立的州立学院董事会，负责领导全州的州立学院；加州社区学院也建立自己独立的委员会。在各自独立董事会的基础上，加州立法对加州不同部分的公立高等教育实施监管：建立一个公立协调机构——加州高等教育协调委员会，该委员会由十五名成员组成，拥有顾问建议权，由州参议员和州长办公室任命，组成成员来自各公立与私立高等教育系统，以协调加州高等教育体系中不同类别不同层次高等教育之间的关系。1973年后，新的加州高中后教育委员会（CPEC）取代前者继续发挥作用。

其次，明确了三个层次高等教育的分工与职能。（1）加州大学被指定为加州最主要的学术研究机构。它提供包括本科生、硕士研究生和博士研究生各个层次的教育。它是公立高等教育系统中唯一可以独立授予博士学位的机构（经批准也可以和加州州立学院联合授予博士学位），对法律、建筑、商业、医学、牙科和兽医学等专业研究生教育有唯一的管辖权。（2）加州州立学院以本科生教学和通过硕士学位的研究生教学作为首要职能，包括“专业教育”领域和教师教育在内的教育服务。学院教授可以开展与学院的本科生和研究生教学职能相关的科学研究。在加州大学与某些独立机构许可下可联合授予博士学位。（3）社区学院的首要使命是为各种不同年龄的人提供本科前两年的职业教育与训练，培养具有较高职业技能的技师类人才，为普及高中后

① 马万华．功能分层：美国加州高等教育总规划的借鉴［J］．中国高等教育，2008（2）：60-62．

教育提供优质服务，还提供补偿教育、作为第二语言的英语教育、成人非学历教育、社区服务教育和劳动力培训服务。在社区学院中，并不要求教师从事科学研究。

其三，确立了普通入学与选择入学相结合的原则，为三个层次高等教育制定了不同的录取标准。(1) 加州大学录取学习成绩排在前 12.5%（前 1/8）的高中毕业生；(2) 州立学院录取学习成绩排在前 33.3%（前 1/3）的高中毕业生；(3) 社区学院设置广泛，遍布全州，实行开放式入学，面向全州的高中毕业生和其他任何能够从教育中受益的学生招生，具有普遍的入学权（见图 5-1）①。

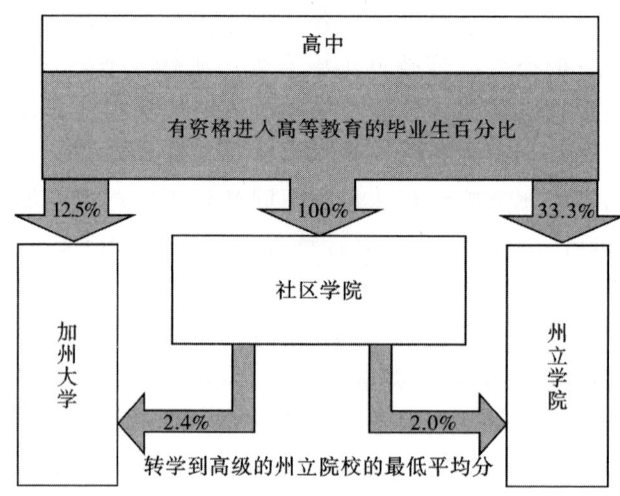

图 5-1　加州公立高等教育的入学标准及转学条件

其四，规定了不同层次高等教育之间的开放性，这也是加州高等教育总体规划最具特色的一点。加州高等教育三个系统之间采取了学生向上流动的开放机制，即在加州任何一所社区学院学习够好的人能够转学到州立学院或加州大学，社区学院、州立学院和加州大学三个系统之间实现了课程的相互衔接和学分的相互认可（见图 5-1）。规定加州大学和加州州立学院高段（本科三、四年级）和低段（本科一、

① 教育部国家教育发展研究中心. 美国加利福尼亚州高等教育总体规划［M］. 北京：人民教育出版社，2005.

二年级）学生规模比例应为60∶40，留下空缺学位，以便社区学院能为符合规定的学生提供转学到上述两大系统高段学习的机会。比起其他种类的转校生，符合条件的社区学院的转校生在转学过程中享有优先权。对转校生有详细的课程选修标准以及成绩上的规定。这一开放机制不仅为有创造力的学生提供了发展的机会，同时也避免了高等学校之间残酷的竞争①。

其五，承诺了学生资助条款，保证学业成绩优秀者不失去优质的高等教育机会。规划重新确认了加州长期以来对本州公民免除学费的承诺，并通过格兰特计划确定了学生资助的标准。规定保证优秀的贫困生有选择的权利，可选择加州大学、加州州立学院、社区学院之中的任何一所高校，格兰特计划资助水平以注册私立学院或大学为准，其目的就是保证私立学院或大学的利益，维护教育公平，缓解公立高校的入学需求压力。

加州高等教育总体规划对一些想升级的大学来讲无疑是不利的，因此一出台就受到了社区学院和州立学院的抵制。因为它打碎了社区学院和州立学院的升迁梦。但是，从1960年该规划的实施到现在，人们对其赞誉的声音似乎高于批评。因为，该规划为加州经济腾飞提供了必要的人才梯队。典型的例子就是在硅谷的发展中，从20世纪60年代到现在大体实现了三次产业升级，在这三次产业升级中，并没有因为高端人才、中端人才和低端人才短缺而出现危机。在1992年，加州高等教育总体规划的设计师克尔回忆当时高等教育总体规划出台的情景时说到，“在许多人看来，总规划是加州的‘加州梦’。我们没有梦想加州梦。事实上，对于我们身在其中的人，我们不是在从事一个很高水平的复杂的理论权重与选择，而是在一个很低层面上，探讨和提供一个可行性的解决问题的方法”。

在克尔看来，“对于所有有用的知识都应该得到尊重，对于什么是有用的知识，不应该根据种类进行分类，而是应该根据质量进行分类。我

① 刘广明．借鉴也是一种创新——从美国加州高等教育规划看高等教育分类的实现条件［J］．瞭望，2007（7）：66-67．

成长在农村，我非常尊重农民的技术和知识。所以对于社区学院存在的价值不应该根据他们教授知识的深浅来衡量，而是应该根据他们教授的质量来判断，这一道理同样适用于加州州立大学和加州大学”。从这一角度出发，人们对不同大学的责任需要有新的认识：不同层次的大学的任务都是同等重要的，只不过不同层次的高等教育应该扮演不同的角色，发挥不同的作用，大学应该以功能定位，而不是以成就和地位定位。每一层次的大学都享受同等的社会地位与声誉，因为现代产业结构需要不同层次的人才，不同层次的高等教育在人才培养的功能上就应该有所不同。

《加州高等教育总体规划》（以下简称《总体规划》）的出台是加州高等教育系统内部协调的结果，它的实质在于以法律形式明确了高校系统各部门之间各种不同的任务分工。《总体规划》规定了加州大学（10个校区）、州立学院（23个校区）和社区学院（100所学校）三类学校的招生人数比例、学生来源和人才培养模式，并要求各类学校不能超出比例招生，也不能跨类别培养人才，使得各类高等院校各得其所、各展其长，保证了不同类别高校之间的有序竞争。此外，私立学院也获得了参与决策的机会（包括有关公立院校新建校区地址的讨论），规划资助州学费奖学金计划，这对私立学院比对公立学院给予的帮助更大。

第二节　中美大学组织趋同的比较分析

任何国家高等教育改革与发展都要面对五个中心议题：(1) 满足平等的需要；(2) 培养精英人才的需要；(3) 由哪种机构负责实施；(4) 是依靠规划指导，或者是自由竞争；(5) 多大程度上由高等教育体系自己来调控，多大程度上由国家协调①。1960年加州的总体规划面对这些问题做出了决定，经受了时间和实践的考验。它满足了其社会对高等教

① 克拉克·克尔. 高等教育不能回避历史——21世纪的问题［M］. 王承绪，译. 杭州：浙江教育出版社，2001.

育的总体需求、社会对教育平等的需求、社会对精英人才的需求、社会对职业技术人才的需求。

与20世纪中期美国大学组织趋同的背景和现象相似，我国大学组织当前也面临着同样的挑战：我国高等教育已经从“精英化”阶段跨入“大众化”阶段，但是从社会物质生活水平看，高等教育大众化体制还处在构建之中，“精英”高等教育系统与“大众”高等教育系统之间的矛盾还有待进一步解决。一方面，“大众”高等教育系统的院校普遍追求办学层次升格，纷纷往“精英”院校行列挤；另一方面，一些“精英”高等教育系统的大学又为创收而大办高职和成人教育，追求“大而全”。高等院校之间的定位不明、职能不清，导致大学在组织目标和组织行为上出现了高度的趋同化。我国当前的大学组织趋同现象与美国20世纪中期的大学组织趋同现象有相似之处，但也存在着明显差异。

一、制度性趋同与竞争性趋同：中美大学组织趋同的差异比较

在第二章中我们曾介绍了组织趋同的两种类型：一种是效率机制下的竞争性趋同，另一种是合法性机制下的制度性趋同。虽然这两种趋同都是组织为了适应外部环境的要求而致使结构形态同质化的过程与结果。但两者的区别在于：竞争性趋同是在竞争的压力下，组织模仿竞争对手的做法；而制度性趋同则是组织为了适应制度规范之要求而发生组织同型化的现象。竞争性趋同强调自由竞争、适者生存，是组织追求效率的产物；而制度性趋同则强调制度环境的压力，是组织寻求合法性的结果。笔者认为，美国大学组织的趋同更多地表现为竞争性趋同，而我国的大学组织趋同则是在竞争不足的条件下产生的一种制度性趋同。

1. 美国大学之间的竞争性趋同

美国高校之间的竞争错综复杂，几乎牵涉高等教育的每一个领域。从招生入学、教学活动安排、科研项目争取、教师聘请与晋升、学校地位沉浮、教育经费筹措到毕业生求职等，无不体现出激烈的竞争意识。正如美国教育家伯顿·克拉克（Burton R. Clark）所说：“在世界上几个

主要的先进国家的高等教育系统中，美国的系统是最缺乏组织的，几乎完全是一种相互之间自由竞争的市场。”在“适者生存”“优胜劣汰”等进化论思想的激励下，每所高校都设法寻找适合自己的办学之路，以适应高等教育发展的自然规律。戈登·威尔逊（Gordon Wilson）在谈到这一点时，十分形象地把美国高等院校间的竞争比喻为“军备竞赛”，“它们一旦卷入竞赛的圈子，就只能义无反顾地向前，不敢有松懈之心，因为在此情景之中，不发展就会被淘汰出局”①。

美国高等教育的竞争一方面越来越导致多样化，另一方面又越来越导致同一性，这确实有些自相矛盾。一方面，由于高等教育部门内部的院校在市场竞争中取得的成果不同，同时由于地位较低的高等院校和高等教育部门在同其他院校竞争时为了在市场上获得优势所运用的“边际差别”的结果不同，就使这些院校变得越来越多样化了。另一方面，高等院校的相互竞争，以及地位较低的院校对地位较高的院校的模仿，整个高等教育系统的差别又趋于缩小，向着名牌大学的特点和风格发展。高等院校的竞争促使第二流和第三流院校、新院校和新的高等教育部门逐渐向尖子院校的学术形式和风格、课程和办学标准方向发展，这种现象随处可见②。可见，美国高等院校的趋同是自然发展的规律，是在激烈的院校生存竞争中产生的，而且院校趋同的原因主要是由于模仿机制所导致的。

迪玛奇奥和鲍威尔将模仿的趋同机制分为两种：一种是竞争性模仿，另一种是制度性模仿。所谓竞争性模仿是指一个领域中的组织模仿自己的竞争对手，是在竞争的压力下产生的模仿。例如，一个公司推出一个新的产品后，其他的竞争对手很快推出类似的产品或服务。制度化模仿则是因为有一个合法化的机制，大家都承认社会中的某些组织形式或做法是好的，是合情合理的。因此，如果一个企业不采纳这些制度化的形式或做法的话，就会受到很多压力。从上述分析中，

---

① 王勇. 浅析美国高等教育市场化——以营利性高校为视角［J］. 外国教育研究，2006（8）：42-46.

② 伯顿·克拉克. 高等教育新论——多学科的研究［M］. 王承绪等，译. 杭州：浙江教育出版社，2001.

我们可以发现导致20世纪中期美国大学组织趋同的这种模仿机制主要是一种竞争性模仿，即在竞争的压力下，各个组织倾向于模仿其领域中看上去更成功的相似组织。比如，加州的一些州立学院希望变为完全的研究型大学，一些社区学院希望成为四年制学院等。这种模仿现象的产生，与美国自由而又分散的高等教育体制密切相关，正如哈佛大学校长德里克·博克（Derek Bok）在哈佛大学350周年校庆讲话上所说的：在我们国家的历史上，大学一直有着不平凡的自由，政府官员很少干预州立学校的事务，私人集团也可以建立它们自己的学校。所有学校都在为得到优秀的学生、教师和设备进行激烈而又友好的竞争。我们对这一体制已经如此熟悉，从而认为这都是理所当然的。我们这种自由而又分散的体制有着伟大的力量，它允许各自为政的独立学术中心存在，提高了创造力和适应力。决策权就掌握在有识之士的手中，鼓励竞争成了努力进取以超越他人的动力①。

2. 我国大学之间的制度性趋同

首先，我国大学之间的实质性竞争是不足的。所谓实质性竞争，指的是大学之间在教学质量、科研水平、社会服务水平等核心职能之间的竞争。大学之间应通过实质性竞争来直接吸引更匹配的学生、更多的科研项目拨款以及更多的社会服务拨款。我国大学之间在上述核心职能上的确存在竞争，但这种竞争是不足的。一些学校没有明确的计划通过更高的教学水平来吸引优秀学生，一些学校未通过有竞争力的课程与专业来吸引优秀学生，而注重表面效仿，许多学校纷纷扩大规模，搞“大而全”就不是学校为竞争的需要而完全自主地选择了。一些学校的组织结构安排，包括机构设置与权力配置，不是完全服务于大学之间因实质性竞争而提高绩效的需要。一些学校纷纷负债办学的趋同行为，也不是完全为满足学校之间实质性竞争的需要，而是为了利益和资源。至于笔者第三章所述的“造大门”的行为，更是难以找到学校之间实质性竞争的影子。

---

① 德里克·博克（王虹，译）. 哈佛大学350周年（1636—1986）校庆讲话[EB/OL]. http://nst.pku.edu.cn/article.php?sid=2735.

其次，我国大学的外部管理是自上而下的。传统的管理体制使大学在发展中出现了一些缺陷，阻碍了以研究创新和高学术水平为标志的高水平大学的建设。如：大学教育的性质不明确、治理结构中一些行政本位和官本位的现象、行政系统的层级观念、资源配置模式的计划经济式等。中国大学趋同与美国大学之间的趋同也不一样。我国大学组织中存在的行政权力高于学术权力的趋同现象，就是产生于服务于行政效率的外部需要。我国大学中存在一些机构臃肿、效率低下、服务意识与水平较低的趋同现象。

最后，我国大学的改革是行政主导的。1985 年《中共中央关于教育体制改革的决定》指出："在教育事业管理权限的划分上，政府有关部门对学校主要是对高等学校统得过死，使学校缺乏应有的活力；而政府应该加以管理的事情，又没有很好地管起来。"并提出："为了调动各级政府办学的积极性，实行中央、省（自治区、直辖市）、中心城市三级办学的体制。"大学的办学自主权得到一定的实施。大学特色办学的动力尚显不足，竞争未广泛深刻地展开。

总之，20 世纪 50 年代的美国大学与目前的中国大学都表现出一定的趋同现象，但这两种趋同的产生是不同的，存在差异性。既然趋同出现的原因不同，那么解决之道也应有"因地制宜"的针对性。

二、实施宏观调控：美国大学组织趋同的必然对策

美国（各州）对待大学发展采取的是一种自下而上、由高等教育内部到政府、再到法律的政策路线。美国高等教育向来都有自治传统，加州高等教育的规划不是州政府主持下的、对高等教育系统进行的一次独裁式的判决。恰恰相反，正是在面临州政府和外部权力威胁的情况下，由加州大学和州立学院牵头进行的一次"私了"式的谈判，目的是抓住影响高等教育改革的机会，最大限度地维护自己的利益，因此规划也可看成是高教各部门之间的协商和契约。规划的最后成果自下而上，最后通过立法程序进入相关法规中。这种政策路线具有借鉴意义。比如有利于增强高校的责任感和自主意识，促进高校之间的竞争和合作，增强活力；有利于政策制定的科学性；有利于政策执行的彻底性，避免了上有政策、下有对策的现象等。加州的高等教育总体规划也是一个在竞争中

相互合作的典型。总体规划的调研小组成员以及顾问团体成员中，政府机构、加州大学、州立学院、社区学院与私立学院均有代表参加（见表5-1），连倡导这项规划的时任加州大学总校校长克尔在当时也是一个虚职，这使得总体规划的通过最大限度地保持了民主性、参与性与科学性，最大限度地避免了盲目性。

表 5-1　加州高等教育总体规划参与人员

小组	成　员
总体规划调研小组成员	1．库恩斯，主席，西方学院院长 2．布朗，联络委员会办公室成员，来自州立学院；州教育部高等教育专家 3．康皮翁，联络委员会办公室成员，来自社区学院；洛杉矶公立学校退休助理总监 4．霍利，联络委员会办公室成员，来自加州大学；加州大学高等教育特别顾问 5．杜姆克，州立学院代表，旧金山州立学院院长 6．麦克亨利，加州大学代表，加州大学洛杉矶校区政治系教授 7．泰勒，社区学院代表，加州社区学院协会执行秘书 8．沃特，私立院校代表，斯坦福大学副教务长
顾问团体成员	1．参议员 3 人 2．众议院成员 4 人 3．州政府机构 2 人 4．联合顾问委员会 16 人（加州大学、州立学院与社区学院） 5．技术委员会 48 人（分别负责在校生数预测、学生选录与保有、成人教育、加州高等教育的财政支付能力、加州高等教育成本、院校容纳能力和区域需求）

加州高等教育总体规划的制定过程，无论是看成协商式的谈判还是竞争中的合作，都是高等教育共同体在面对较为混乱的高等教育发展态势，以及立法机构的压力时所作出的宏观调控行为。这种宏观调控，在规划制定之前是很少见的。因为美国的高等教育界奉行的是与其经济界一样的“自由放任”主义，政府不干涉大学的内部事务，大学之间在竞争中求生存、求发展。但高等教育领域毕竟不同于经济领域，即使在经

济领域，美国也已经从完全竞争时代过渡到政府发挥高度作用的凯恩斯时代。高等教育领域同样需要总体设计，同样需要立法机构与政府的参与，同样需要对无序竞争的宏观调控。克尔就充当了“当代美国高等教育改革的设计师”和“高等教育界的福特”，为20世纪50年代加州高等教育的转型做出了巨大的贡献。总体规划成功地实现了加州高等教育界的宏观调控，被经合组织国际参观访问团称赞为“在大学与学院之间创造了建设性的竞争与合作，加州高等教育体系丰富的创造性是其他国家的榜样”①。当前虽然离加州规划已时隔半个世纪，规划也经数次修订，但仍保留了1960年规划的精髓部分。

三、加强市场调节：中国大学组织趋同的化解途径

与20世纪50年代的加州高等教育系统相比，我国当前的高等教育面临的不是校际竞争激烈和政府调控不足的问题，而是市场调节不足的问题。首先，高校之间的实质性竞争不足，竞争多表现为资源的争取上；其次，在高等教育上的管理多着力于微观内容，缺乏多元化。呼吁政策制定者考虑规划对作为一个整体的场域结构的影响②；再次，从总体上看，我国大学组织发展中的最大问题仍然是市场调节不足，因此，要给予大学更多的办学自主权，“让真正懂教育的人来办教育事业”，从直接管理走向间接监督，从微观管理走向宏观规划，这样自然会加强校际的真正竞争，办出各自特色，减少过度趋同。

要增强大学组织之间的市场竞争，改革我国大学组织的趋同现象，就必须改革我国大学组织所面临的制度环境。环境的改变不是一朝一夕可以实现的，且制度环境的改变是一个涉及管理体制、教育政策、外部评价与文化观念的系统工程，其成功实施依赖于社会上其他部门的共同变革。因此，我们要意识到现实中高等教育整体改革的复杂性。

加强市场调节，首先要改变大学的外部管理体制，还大学更多的自

① 教育部国家教育发展研究中心．美国加利福尼亚州高等教育总体规划［M］．北京：人民教育出版社，2005．

② 沃尔特·鲍威尔，保罗·迪马吉奥．组织分析的新制度主义［M］．姚伟，译．上海：上海人民出版社，2008．

主权。市场竞争的首要以及必要条件就是市场主体的独立性，高等教育领域虽然与产品市场有所不同，但要加强大学组织之间的真正竞争，就必须保证大学能面对社会需求调整自身的教育教学内容与方式，提供给学生有竞争力的高等教育服务。其次，在资源配置政策方面，要做到合理引导，使各个层次的所有大学都有基本的办学资源，其中各个层次办得较好的大学有绩效导向的额外资源。再次，在外部评价方面，政府主导的评价要少而精，与此同时，引入行业组织、民间评估机构等社会性评估组织，形成政府、社会、学校评估相结合的多元化评估体系。最后，在文化观念上，高等教育主管部门要引导大学办出特色；办学者要摒弃盲目攀比的心态，从自身优势出发，寻找最切合自身实际的特色发展之路。笔者将在下章详细阐述，为减轻直至解决我国大学组织的过度趋同问题提供具体对策建议。

第六章　大学组织趋同的理性思考

第一节　大学组织趋同现象的客观分析

一、大学组织趋同的历史必然性

大学组织趋同是大学在国际化背景下发展的一种客观趋势，这种趋同是基于“知识的普遍性”和各国高等教育在宏观和微观层面的交流所造成的。克拉克·克尔基于对欧美各国高等教育现状的分析，指出高等教育趋同是个历史过程，因为理智的好奇心的自由精神是没有国界的。在古希腊柏拉图的阿卡德米、亚里士多德的利塞姆、托勒密的亚历山大图书馆和孔子的讲学学堂上，学者和学生都来自当时和当地文明的整个范围，不问国籍，他们要学习什么就学习什么，没有民族国家所预期的外部指导或限制。这种共享的精神趋同是初始高等教育就存在的，而且这种高等教育趋同模式从阿卡德米到路德历时了两千年。然而，随着宗教改革、不同文明的出现和民族国家的兴起，大学却出现了趋异现象，时间持续近五百年。到了近代社会，“它们有一种重新趋同的趋势，从与众不同的民族的大学模式到近代大学的趋同模式”。克拉克·克尔乐观地得出结论说，趋同是一个过程，不是一个单独的终点。因为他相信趋同化模式“虽然当前以一个共同的模式涌现出来，但它肯定会有很多继续不断的变异”①。总结其观点，那就是

① 克拉克·克尔．高等教育不能回避历史——21世纪的问题［M］．王承绪，译．杭州：浙江教育出版社，2001．

说大学发展经历“趋同—趋异—趋同”的过程，并且趋同化是客观的、是历史的、是过程性的。

这种趋同化的现象委实是客观存在的。各国大学间的趋同——特别是相互之间的模仿一直以来就是存在的，如美国大学在建国后基本上依照英国的牛津和剑桥大学的模式建立了自己的大学如哈佛、耶鲁、威廉—玛丽学院以及其他大学。后来德国柏林大学的成功成为世界各地所羡慕和仿效的对象，而美国人又一次认真地模仿了德国的大学，并建立了如霍普金斯大学等研究性的大学。同样地，当美国大学在“赠地学院”和“威斯康星”理念的影响下，陆续建立了新的或者使原有的一些大学的功能突出其在社会服务的职能上后，其他国家的大学也纷纷仿效。而我国 20 世纪初期，蔡元培先生在北京大学担任校长时就曾倡导运用德国的大学模式来办中国的高等教育，这期间也是一个模仿的过程。到中华人民共和国成立初期，我国模仿苏联大学的办学方式，大力改造或新建了许多大学，使我国大学和苏联的大学一样有了很多分工细致的专业性学院和高校管理体制。如今，我国大学又兴起了模仿美国大学的新趋势。奥尔特加指出的这样一种推论：英国人的生活始终是一个奇迹，所以英国的教育一定是典范模式，因为英国人的生活是以此为基础孕育而生的；德国人科学方面的成就是惊人的，所以德国大学就一定是大学的榜样，因为它们培养出了天才；现在美国经济和政治雄居世界之首，是头号强国，具有多所成功的大学，因此我们就来仿效英国、德国和美国的高等教育模式吧。可见，世界范围内大学组织的趋同是相互学习、相互模仿的结果。

上述分析是基于国际视野这样一个宏观的角度来进行的，如果从微观层面上对不同国家的高等教育发展情况进行分析，同样可以发现大学组织趋同的普遍现象。如美国学者瑞斯曼在 20 世纪 50 年代就敏锐地观察到美国高等教育系统中的趋同现象，他认为“毋庸置疑，国内的学院和大学相互模仿……每个人都应当注意趋同的范围”。他把趋同描述成形成“宛如游蛇”一样的学术过程，如同蛇的尾巴最终要遵循舌头的路径。层级位置底层和中层的组织模仿处于顶层位置的组织的行为，结果组织之间的形式和特征差异越发模糊①。可以说，大学组织追求学术卓越方面的趋同是大学与生俱来的一个特点，并不是中国大学独有的现象。我国学者解飞厚教授指出，对于高等教育发展中的问题，“应该用辩证的方法做历史的分析和考察”②。我国大学在一个崭新的政治、经济、文化环境中飞速发展，大学彼此之间对成功经验的暂时模仿也自然会成为大学发展的一种手段。在这个过程中，大学对自己拥有和利用什么资源、能获得什么利益的考虑是经过了理性权衡的。比如学校的“升级”会在引入投资、吸引生源、提升学校形象等方面带来诸多益处，并非只是盲目“趋同”。

那么，趋同就是发展的终点吗？显然不是。我国人类学学者对部分少数民族地区的农村经济和民族文化发展的关系进行了研究。他们在调查了福建、贵州的一些少数民族村落后发现：在经济落后时期，这些民族经常会模仿汉族的一些行为特征。但当他们的经济得到发展，甚至超过很多汉族农村地区时，民族的表意文化不仅得到了持续发展，还会更加特化和强化。甚至已经被汉化的族群也纷纷恢复其少数民族身份，有些汉化的族群已经遗失了对民族特征的记忆，他们就从资料中去找寻，有的甚至特意创造出与汉文化特征不同的一些习俗③。因此，我们大可不必对组织的“趋同”忧心忡忡。“趋同”只是发展的一种手段、一个过程，在“趋同”之后就是“求异”，这种求异是自然发生，而不是刻意设计的。“趋同”之后就会迎来一个寻求个性的时代，但是其前提一定是发展，而不是故步自封。发展未必会导致个性形成，但是个性却一定需要充分的发展，这种自发的求异比预先设计的求异将更加持久、更富有生命力。

总之，随着经济社会的发展和高等教育大众化时代的到来，大学组织的趋同具有历史必然性，且具有一定的合理性，适度的趋同对于培育

---

① RIESMAN D. The Academic Procession: Constraint and Variety in American Higher Education [M]. Lincoln: University of Nebraska Press, 1956.

② 解飞厚. 高等学校定位问题辨析 [J]. 高等教育研究, 2005 (3): 48-52.

③ 石奕龙. 经济趋同与表意文化的特化——中国现代化过程中少数民族发展的双重性 [J]. 思想战线, 2004 (4): 51-54.

高等教育市场和提高大学办学效率具有一定的积极作用，但过度的趋同也会产生诸多不良后果：从短期来看，一个显著的后果就是，大学毕业生结构性失业问题将变得非常突出；而从长远来看，大学缺乏个性、缺乏特色，终将影响大学组织的可持续发展。

二、大学组织适度趋同的积极意义

既然大学组织趋同现象的产生有其客观必然性，就必定有其存在的合理性。大学组织的适度趋同有助于培育高等教育市场、提高大学办学效率、促进大学之间的资源交换。

从宏观上说，在计划经济时期，大学之间基本上不存在竞争，更谈不上有高等教育市场。改革开放以后，特别是计划经济体制向社会主义市场经济体制转轨以后，大学之间的竞争日趋激烈，高等教育市场逐渐形成和发育起来。建立和健全中国的高等教育市场需要各个大学积极参与市场竞争，竞争是市场的本质特征，而趋同是竞争的前提条件。大学发展中一定程度的趋同可以加强学校之间的竞争，竞争的结果一方面是高等学校的分化，使各自找到自身的位置；另一方面是促进高等教育市场的发育与成熟，包括市场规则的成熟和市场主体的理性化。可见，大学组织的适度趋同对于高等教育市场的建立和健全具有积极意义。

从微观上说，在计划经济时期，我国大学最大的问题是自主性不强，发展动力不足，办学效率低下。改革开放以后，大学自主发展的积极性被调动起来，大学之间相互攀比，目的是在市场竞争中立于不败之地。在高等院校组成的这一学术“共同体”中，地位较高的院校总是起着示范和辐射作用，吸引地位较低的院校，在“地位较低的院校对地位较高的院校的模仿”中，既有敢于问鼎者，也有盲目模仿者；因此也既有后来居上的成功者，也有“冲不上去”而重新寻找自己位置的院校。这种“攀比”，促使竞争在更高的层次上展开，形成更加丰富的多样化，并提升了整个高等教育的水平。尽管竞争以后可能有一部分高校实现不了最初的定位，甚至有少数高校被淘汰，导致高等教育资源的浪费，但更多的高校会因此得到超常规发展。因此，大学组织一定程度上的趋同对于提高大学办学效率具有积极意义。

此外，在组织社会学中还有一个重要的命题，即不同组织之间的结构越相似，组织之间就越容易对话，资源也就越容易交换①。例如，各国都把美国的大学视为模仿对象，很多知名学者和教授都有在美国大学学习或研究的经历。这些学者回国后，将其所学到的技术、经验和思想向本国传播，实际上成了一种全球化力量。再比如，目前我国一般普通高校的师资往往来自研究型大学，而那些研究型大学的毕业生在进入一般普通高校之后，就会倾向于把自己所经历的大学制度、大学模式移植到自己工作与生活的大学之中，促进优质资源向普通高校的流动，为普通高校的发展注入新的活力。因此，大学组织的适度趋同有利于组织之间的资源交换。

三、大学组织过度趋同的消极影响

大学之间的竞争是必需的，一定程度上的趋同也是正常的，但大学组织过度趋同则必然会引发高等教育领域内的无序竞争，产生诸多不良后果。

首先，造成高等教育资源浪费，影响高等教育持续健康发展。在我国，大学的发展一直与高等教育资源的分配紧密联系在一起。从 20 世纪 50 年代开始，我国就逐步形成了建设重点高校的理念与做法，至 1984 年在我国大学体系内又尝试建设研究生院，这使得本来就被划归为重点大学的大学地位得到更进一步的巩固，这种重点高校的战略曾经使我国有限的资源投向较集中，在一定程度上实现了资源配置的效益。随着世界国际化的发展，我国高等教育与世界其他国家的高等教育交流频繁，为适应和弥补我国大学与国外大学发展的现状，从 1994 年起，国家又相继实施了“211 工程”和“985 工程”建设，以设立重点项目的形式确定高等教育投资的重点。但是政府巨额投资的方向对高校发展有重大的导向作用，正是因为投资政策的倾斜，影响了目前高校为争取更多利益，一味求“大”追“全”，升格热潮一时间风起云涌，导致其他类型的大学趋向于重点大学方向发展。而近几年全国高等教育又掀起了建立“一流大学”的风潮，尽管对于什么是“一流大学”尚未达成共识，但许多院校都把自己定位于追求“创建世界一流”“建设国外知

① 周雪光. 组织社会学十讲 [M]. 北京：社会科学文献出版社，2003.

名，国内一流”的大学，大学几乎是步调一致地在升格趋同的道路上勇往直前。

透过许多大学争创“一流大学”的行为，我们可以看出尽管一些大学对自身与“一流”大学的差距一目了然，但仍然坚持，实质是为了适应大环境，获得教育资源和发展的空间。比如，进入“985工程”就意味着更多的投资，这些资金对于任何一所大学的发展来说都是稀缺资源。尤其是在当前我国高等教育加速发展时期，经费问题牵动着高校各方的神经，获得更多的资源和更大的发展空间，无疑成为每个大学努力追求的目标。因此，从更广泛的范围来看，许多不同类型的大学为了获得自己生存和发展的经费，都不惜放弃原本的定位与追求，日益模仿那些在大学竞争场域里已具备优势地位的大学。在大学基础设施建设上，大量贷款圈地和购地，并建起了幢幢高楼大厦；在大学软件建设上，为追求“综合”和“多学科”盲目“上马”没有能力建设的学科和研究基地等。这种重复建设在全国范围内来衡量，已是非常严重的现象。这样通过“赶超”而来的成果因缺乏核心竞争力，师资及其他配套都跟不上，大多是在低层次上的复制，却又投入了巨额经费，这无疑造成了国家资金的极大浪费。而一些被作为国家重点建设的重点或综合大学，在获得强大资源支持的同时，也开始盲目进行扩张，走“大而全”的发展道路，从而在它们之间也出现了趋同现象。一些重点建设的综合型大学凭借本身以往积累的在国内较高的学术声誉和国家给予的许多政策优惠，轻率地发展原来并没有优势的学科与专业，从而在短期内形成了众多学科并举的局面。从学科发展的角度来看，学科队伍建设变成了学科扩张，而学科扩张一般有两个策略：一是内部挖潜，对原来就有的学科力量进行重组，形成新的学科。但可能会导致为扩张而扩张，仓促“上马”，从而造成因为部分学科水平不济而影响整体学术水准。二是外部引进，由于我国目前的整体发展状况很难吸引国外高水平的学者，故而更多高校通过从其他大学“挖”人来实现自己的跨越式发展。然而实际上，较短时间内在原本空白或薄弱的领域实现质与量的和谐发展并不是容易的，学科优势的积累并不是简单地靠资金就可以办到。它包括学术传统和学术生态环境等多方面的综合因素。所以，一些依照国家政策倾斜和政策鼓励的重点综合大学的盲目扩张，既浪费了极为珍贵的教育资源，也在某种程度上破坏了大学发展的内在逻辑，影响了高等教育的持续健康发展。

其次，导致人才培养结构失衡，无法适应多样化的社会需求。大学一方面应独立于社会，以探索高深学问、培养社会精英为天职；另一方面还必须适应社会的要求，“没有什么时候会比当今时代的社会需求对高等教育发展的影响更直接、更大的了”①。其实从大学的发展历程来说，大学的确已将服务于社会作为自己分内的职责了，二者的关系已被人们普遍认为是常识性的问题了。既然这样，那么为社会培养满足社会需要的各种各类人才，当然是当前大学的分内之事了。对于我国来说，随着国家的改革向纵深发展，市场经济的不断完善，社会对各类不同人才的需求越来越迫切。同时，随着社会生产力的发展，社会劳动分工更加细化，岗位与职场的新旧更替越来越频繁和趋于复杂化。为了适应社会对人才的多样化需求，大学之间也存在分工，如高等职业教育与普通高等教育之间的区分就是针对社会不同的人才要求与人才规格进行的。社会需要诸如领导人才、中层管理人才、研究型人才、操作型人才等往往不能由一类大学来培养，只能由不同层次、不同类型的大学协同完成。因此，大学的分类发展与多元发展是适应社会多元要求的策略。

然而，大学组织的过度趋同却破坏了大学这种健康有序的发展。由于趋同，人才培养成为标准件生产，各个大学培养的学生能力对等、学识统一、规格一样。又因为受到追求“高、大、全”的影响，原本培养专科人才的院校不愿再培养专科学生，纷纷通过各种途径获得培养本科人才的许可，于是成为培养本科人才的高等院校。结果造成人才培养层次的不协调。近几年来，一边是“技工荒”，而另一边是本科毕业生和硕士毕业生就业率下降，“毕业即失业”的现象就反映出了这一问题。

其三，使一些大学失去了创造能力，造成我国大学的普遍平庸化。模仿在使其迅速学习到别人先进做法的同时，也会使其犯下致命的错

① 卢晓中．试论高等教育理念与社会需求［J］．人大复印资料（高等教育），2001（4）：35-37.

误，即在仿效的过程中，其回避了试图解决问题所做的种种具有创造性的努力，从而使一些大学失去了创造力。从大学的微观层面来说，由于模仿使得大学教师和学生也深受这种模仿效应的影响，在其学术生涯上丧失了创造性。如果最优秀的教授对于自己的问题一直愿意仿效他人的做法，或是不愿意自己思考，除了自己局部的具体研究领域能跟上时代步伐之外，在各个方面生活在一种落后时代的状态之中。这是一个落后于时代的悲剧性的迟滞现象，不经努力就想证明自己、树立自己的信念而遭受的命运。如果因为这种不加取舍的模仿，而不顾及我国的实际情况，不考虑“拿来”与本土化的结合，造成我国大学在价值追求上、在发展战略上盲目与国外大学看齐，会深深影响国家教育发展规划，如在制定高校扩招政策、指导开办民办大学等方面尤其明显。同时也会深深影响高校的发展策略、形象塑造、品牌设计等方面。如西安一所开办仅有十来年的民办大学，就将自己的发展目标定为“东方哈佛”。这一基于模仿而提出的奋斗目标虽然充满着办学者的勃勃雄心，但是从哈佛多个世纪的发展历史来看，我们就会为这种无知与大胆所汗颜。从这种现象中我们可领会到该办学者求新、求奇的心理，而不顾及自己大学的历史、基础、积累等情况，盲目模仿造成出位、出格的事实。

我们将此种情形与国外情况相比，就如伯顿·克拉克所言，英国人、美国人和日本人一样对德国大学的模仿是有高度选择的。他们通过模仿改造大学，为的是适应自己民族的需要①。而我国的一些大学却盲目模仿国外大学以及本国的其他大学，一味照搬，使得大学缺少创新能力。创新力的缺失就是大学平庸的根源。虽然许多学者从高等教育管理体制、思想文化、历史传统等方面论证其原因，但是没有看到这种靠简单移植而不动脑的趋同办学模式，无疑也是造成我国一些大学本身的平庸化和培养出来的人才创新意识弱、创新能力差的重要原因。

① 伯顿·克拉克．高等教育系统——学术组织的跨国研究［M］．王承绪等，译．杭州：浙江教育出版社，2001．

第二节　避免大学组织过度趋同的策略

综合前文所述可知，大学组织的趋同有其存在的历史必然性，是高等教育场域中不可避免的组织发展状态。适度的趋同并不会影响高等教育的可持续发展，但过度的趋同一定会损害高等教育的声誉与质量，进而降低毕业生的水平与能力，使之不能满足市场与社会的需求。因此，必须采取措施，从外部环境出发，修正制度中不甚合理的因素；大学自身也要服从教育规律办学，才能从根本上避免过度趋同现象的出现。

一、变革僵化的外部管理体制

如前所述，大学组织的趋同和缺乏特色与外部管理体制关系最大。正是在行政管理体制、分权激励机制以及微观管理习惯的影响下，大学组织更易出现趋同。因此，变革僵化的大学外部管理体制是第一要务。

1．给大学更多的办学自主权

给大学更多的办学自主权是改变我国大学组织过度趋同的首要举措。办学自主权的价值就在于给不可预见和不可预测的事物提供了发展空间和实现各自特色目标的机会。大学的办学特色在于要因时制宜，因地制宜，谁最清楚这个“时”与“地”？不是教育部，也不是教育厅，而是大学自身。从理论上说，一个国家的高等教育管理体制越是集中，其大学越容易千篇一律，缺乏特色；大学越具有自主权，其越容易各有千秋，个性鲜明。“大一统”是集中的本质特征，“个性化”则是有更多自主权的显著特点。面对独特的历史背景、千变万化的市场、日新月异的技术、突发的事件，只有大学个体才有可能真正做到因时制宜，因地制宜。

一方面，要明确政府与大学之间的契约关系与委托代理关系。政府与大学在一定程度上都是为公共利益服务的机构，二者在存在形态和地位上有一定的独立性和平等性。既然它们都在为公共利益服务，那么就应该以符合各自规律和运行规则的方式运转，也唯有如此才能更好地践行各自的使命要求。政府是高等教育的举办者，而大学是办学者。委托代理关系存在于政府与学校之间。国家政府要提供教育服务，是通过大学直接提供的，因此政府与大学之间构成契约关系。政府不是上级，学校不是下级；政府是高等教育事业的“委托人”，大学则是“代理人”。明确了这个关系之后，就要给予大学办学更多的自主权。但在长时期管理体制下形成的观念、行为模式仍然具有相当大的惯性，主管官员习惯于通过文件、通知来管理，大学也习惯于通过执行行政命令来办学。积习已深，这就要求主政者大胆启动管理体制改革，拿出举措，与大学共建合理的关系，营造有利的氛围。

另一方面，要改革给大学定行政级别的做法。给大学定行政级别，是满足官僚化行政化的管理体制的需要而产生的行为，并不符合大学自身的办学规律。因此，需构建行政等级之外的另一套新的体系来评定大学的地位。这一套体系的建立应以学校的教学、科研与社会服务水平为评判标准。若由主管部门直接任命大学校长，使得校长倾向于将自己认同为政府官员，更注重对上级负责，时刻听上级有关部门的各种政策指令，眼观各级领导的颜色行事。在校内，他们的行为模式也越来越与官员趋同，他们满足于批文件、发文件、做报告，与教师的距离渐行渐远，他们更倚重于各级管理人员，从而使得行政权力不断侵蚀学术权力①。因此，要改革大学校长遴选机制，把大学校长岗位与政府的行政级别分离，从全省、全国甚至全世界范围内选校长，建立学校教师参与校长遴选的制度，让真正懂得教育、热爱教育、关心学者学术的人当校长。经过一段时间的努力，培养一批职业教育家的队伍，实践他们独特的高等教育理念，引导大学特色化发展。

2. 调整各级政府间的管理权限，加强地方政府责任

各级政府之间，特别是中央教育主管部门与地方教育主管部门之间的关系，在影响大学组织变迁时所起的作用同样不能忽视。具体而言，我国高等教育管理体制已经初步实现“中央和省级政府两级管理、以省级政府管理为主”，但实际运作中教育部的权力较大，省级以及其他地方教育主管部门权限不够、动力不足。我国各地区之间在经济、文化的发展上具有多样性和不平衡性，各地区所能提供给高等教育的资源以及对高等教育发展的市场需求有差异。如对高级专门人才的数量、种类和

① 王英杰. 改革大学校长遴选机制 [J]. 科学中国人，2005 (5)：3-5.

规格的不同需要决定了高等教育发展的规模、速度和结构的不同。因此，要因地制宜地发展高等教育，使高等教育更好地为地方经济建设和社会发展服务，就要充分调动省级政府发展高等教育的积极性，扩大省级政府高等教育的管理权。理论上，一个省的高等教育布局与事业发展，由省级教育主管部门来统筹规划，可能更适合地方的省情。高等教育的地方化，会在一定程度上抑制全国高校过分趋同的现象。

第一，要加大对地方所属高校的资金投入。大多数地方高校的升格、扩招、大兴土木等趋同行为，都与争取教育资源有关。在部属高校生均财政投入远高于地方高校的现实面前，地方高校争取资源的捷径就是升格和争行政级别。因此，要避免此类趋同现象，必须加大地方政府对所属院校的财政投入，使之不需要通过变成“部属”和“省部共建”就能获得充足的办学资源。地方政府一要提高所属高校的生均财政经费，努力保证规模扩大的同时教育质量不下滑；二要严格监督学校资金使用，使宝贵资源用在一线的教学和科研上，用在学生教育，而不是用在修大楼和造大门等政绩工程上；三要优先支持地方高校积极利用专业知识和技能参与地方社会经济建设，为学校争取更多的社会资金；四要积极探索地方高校的资源整合之路，使一个地区内的高等教育资源利用率更高。总之，要使地方所属高校有较为充足的办学资源，优化其教育生态，不使其边缘化，避免地方高校盲目模仿部属高校。

第二，要加强对地方所属高校的管理责任。目前地方政府与教育主管部门在管理本地区的高校时，职能主要为上情下达。具体而言，首先，省级教育行政主管部门要会同其他部门，根据本地经济发展情况和高等教育现实情况，制定地区高等教育发展规划，规划要有实用性、针对性和前瞻性，要像加州高等教育总体规划一样，真正能统筹地区的高等教育资源，保证不同层次的学校各安其位发展。不可否认，现实中的确缺少具有远见的省级高等教育发展规划。其次，地方政府要尽快从过去的单一的行政手段转变到综合运用政策引导、拨款控制、信息服务、执法监督、检查评估等多种手段上来，实现宏观管理的目标。要增加积极主动性，不能坐等教育部的指示办事。最后，地方政府要鼓励地方高校创新教育教学形式，创新人才培养模式，拓宽教育服务内容。对待地方高校符合教育规律但在一段时期内不一定符合上级文件精神的办学行为，要争取支持，不能抱着教条主义的态度。总之，只要真正做到地方的事主要由地方办，地方的学校主要由地方管，就一定能在很大程度上避免全国高校办学行为过于趋同的现象。

二、调整原有的资源配置方式

如前所述，差异化的资源配置规则与导向，以及大学争取资源的方式，一定程度上对大学特色化办学产生了负面影响，加剧了大学组织同形的趋势。因此，要对原有的资源配置方式进行适当的调整，使得资源配置政策能有利于引导各类各层次大学的个性化办学，不至于一味模仿而过分趋同。

1. 改革单一的重点倾斜政策，引导大学合理争取资源

在资源配置上倾斜于重点高校，这在教育后发国家的确有必要。但重点高校的产生，并非完全是通过竞争而产生的。例如，“985”与“211”工程大学的遴选，主要是由教育主管部门指定的。这就刺激很多非重点的学校，在组织目标和办学行为上模仿进入重点建设工程的学校，向极少数研究型大学看齐，但这些学校的办学传统与基础并不符合建设研究型大学的条件，这种模仿造成的趋同是盲目的。因此，必须改变单一的以研究型大学为标杆的资源倾斜政策，引导各类大学合理争取资源。

其一，让高校在各层次上竞争重点资源。目前的资源配置政策在影响高等教育结构时的最大缺陷，就是非研究型大学、非重点工程大学被边缘化。因此，政府教育资源不能仅仅倾斜于研究型大学，重点工程大学也不能靠指定。正如潘懋元先生的观点：要定位，先分类。重点资源也应建立在高校合理分类的基础之上。具体而言，主要应以省一级政府管理为主，在现行所属关系不作大变动的基础上，将高校分为研究型、研究教学型、教学研究型、教学型等类型，每一类型的高校设立一至两所重点学校，或者每一类高校设立一至两个重点学科，由这一类中的所有高校竞争获得此标杆，进行资源的重点倾斜。建议重点学校与重点学科每隔五年要进行一次重新选拔，以促进各高校之间的充分竞争。唯有如此，才能保证高校在争取资源时的公平性，不至于“平均主义”；同

时，也能保证目标达成的效率性，高校之间也不至于因相互模仿而导致趋同现象。

其二，以优势学科为单位进行资源倾斜。长期以来，主管部门出于简化工作对象的需要，以学校为单位进行重点建设。问题是重点大学并非所有的学科都“一流”；非重点大学也依然有十分优势的学科。因此，以学校为单位进行资源倾斜不甚合理。如果以学科为单位进行资源倾斜，既能满足政府建设一流学科的需要，又能较好地调动学校办好特色优势学科的积极性，避免高校在学科建设上综合化、大而全的趋同现象。具体而言，“985”与“211”工程的拨款主要仍以学校为单位申报竞争，但是竞争的项目应该为学校的优势学科，并且竞争到的专项拨款要确保专门用于学科建设与人才培养，要赋予学科带头人更多的经费支配权。当然，专项资金以学科为单位拨款要加大透明度，在最大程度上保证资金使用的效率。

2. 建立绩效导向的拨款制度，确保大学提高办学质量

绩效拨款以高校的办学水平、质量、管理有效性和办学效率为主要依据，其评价尺度是对高校质量和成果的评定，指标包括各高校的就业率、资源利用率和自身办学特色等等。当前我国大学普遍存在资源利用效率低、铺张浪费与经费短缺并存的趋同现象。因此，要建立绩效导向的拨款制度，学校无论大小、重点或非重点，资源利用率高、效益好的就应该得到更多的教育资源。否则，就应该少得或不得。只有形成这种良性循环的投入机制，才能激发高等教育应有的活力与效率，从源头上扼制某些高校盲目发展和教育设施重置浪费的趋同现象，确保大学把钱用在核心功能上，用在刀刃上，避免负债办学与惊人浪费。

首先，合理制定教学科研的绩效拨款模式。这是成功实施绩效拨款模式的关键。具体而言，要对教学拨款的相对成本进行广泛的调查及讨论，发布一个计算拨款的公式，该公式为估算每一高校的拨款数额定下了一个上下浮动范围。教学部分的拨款数额约达经常性总拨款的绝大部分。拨款标准一般参考学生负担水平来确定，学生负担水平受到教学成本的影响，而学科和课程水平的不同又影响到教学成本。可见，学生负

担水平的确定受到多种因素的影响，因此最终采用的拨款预算要经历一个研讨过程。就科研拨款来说，如果高校能够提高竞争性科研能力或者增加教师经同行评议认可的学术出版物数量，那么就能够获得更多的拨款份额。要坚决杜绝科研活动中重申报不重研究、重经费不重成果、隆重立项草率验收的反绩效倾向。当然，采用绩效拨款模式需要对特定变量作出严格定义，否则会带来一定的消极后果。

其次，建立公开透明的大学重点拨款制度。当前，政府的拨款制度缺乏透明性和公开性。这种非制度化的拨款制度必须变革。具体而言，教育部和省级高等教育主管部门要建立或委托建立专门的大学拨款委员会，管理各类专项拨款。拨款信息和拨款规则都要在其官方媒体上公开，内容要细化到每一所学校的拨款数量及用途，做到透明化；并将拨款同教学与科研产出挂钩，只有这样，才能杜绝非正规化和非制度化的拨款，引导大学提升质量内涵、增加办学绩效。也唯有此，才能避免大学“一窝蜂”进重点工程的趋同现象。

三、构建新型的大学评价体系

大学评价是大学行为的主要风向标。如前所述，我国大学在组织行为上的趋同，很大程度上是由过于“行政化”的政府评价和追逐“排名化”的社会评价引导而成的。因此，构建分层次的评价体系以及多样化的评价标准，把“考卷”设置得更加科学、把“考试形式”设置得更加合理，大学才可能真正凭借实力面对评价“考试”，而不是千校一面搞形式主义的趋同行为。

1．设计分层次的评价指标，帮助大学各安其位谋发展

我国大学的外部评价，尤其是政府评价，对不同层次不同类型的学校使用的是一个评价体系，因此难以保证评估的科学性，事实上，过去的本科教学评估中绝大多数高校成绩都为优秀已经说明了这个问题。因此，要针对不同层次的学校，针对不同的建校情况，制定不同的评价体系，帮助大学各安其位谋发展，让其不是一味贴近高指标盲目建设。

一方面，要针对不同类型和层次的大学制定不同的评价指标。不同层次和类型的高校应取不同的质量观，并不存在唯一的“质量”准绳。

质量竞争只能在同类层次和规格的高校中进行。要针对不同层次和类型的高校建立不同的质量评价标准。具体而言，一要广泛调研，了解影响不同层次高校教育教学质量的主要因素。如研究型的院校要注重研究型教学的创新形式，教学型高校要注重知识传授的质量和教师的基本素质，这些都要放进评价体系中加以考虑。二要深入研究，掌握不同类型高校办学质量的决定因素。如对于师范类院校，要抓住实践教学以及师范生的基本技能养成这一环节，制定评价体系；对于农业类院校，要把师生参与实用农业技术改造项目作为一个因素放进评价体系；对于理工类院校，要把实验设备的使用频率以及对学生的开放程度作为一项因子纳入教育评价体系。总之，对于不同类型与层次的高校，其评价体系要适合其定位，适合其制定可以达到且不影响可持续发展的目标，避免“一刀切”，保证绝大多数高校发展特色的积极性。

另一方面，要针对不同建校情况的大学制定不同的评价指标。不同的学校有着不同的办学传统与建校历史，有的学校有百年历史，有的学校却是新近成立；有的学校一直是独立发展，有的学校是合并而成。因此，评价应该因地制宜，不宜千篇一律。具体而言，对于新建本科院校，特别是从中专升成大专又升格成本科的院校，应重点评价其基本的教学质量和基本的办学条件；而对于办学历史长，基本办学条件能保证的学校，应重点评价其在创新教学形式、培养特色人才方面的做法。对于有办学传统的百年老校，对其本科教学评价要“少而精”，对于一流大学可以少评或不评；而对于新近合并的本科院校，对其评价要“多而细”，要不厌其烦，使其在基本办学条件上达到合格的要求。对于办学条件较好的学校，可以在评价时设置多重等级，如优秀、良好、合格等，鼓励其走向卓越；而对办学条件较差的学校，可以在评价时实行“准入制”，只有合格与不合格两个等级，不合格的学校要限期整改，否则采取一定的惩罚措施。总之，评价体系要将适合性和前瞻性相结合，避免高度统一而导致大学发展同一化。

要注意的是，分层次评估体系的建立，需要政府官员、教育专家、不同层次的大学领导人员和教务管理人员以及教师的共同参与，而不是教育部评估中心在小的范围内开研讨会能决定的。分层次评估体系的创立需要广泛的参与性，这一点值得特别强调。

2. 采用多样化的评价方式，促进大学科学合理定目标

评价方式过于单一，也是影响我国大学组织行为趋同的一个重要因素。如果政府评价只是自上而下的“走马观花”，不可能评价出大学真正的教育教学水平；如果社会评价是不甚权威的数字堆砌，以简单的排名为目标，往往有缺乏严密性和科学性之嫌，就不利于大学的发展。我国目前还没有形成科学的、有利于促进大学办学特色形成的教育评价方式。在没有一个统一权威、各方都能接受的评价方式的前提下，只能采用多样化的评价方式，以促进大学科学合理地定目标。

一方面，要鼓励建立评估性教育中介组织。教育中介组织是“按照一定的法律法规，遵循独立、公开、公平、公正的原则，在社会活动中发挥服务、沟通、评估、监督功能的社会组织。它既不是政府的派出机构，也不是具体的办学实体，而是介于政府与学校之间，学校与学校之间，学校与社会其他组织或个人之间的组织，是连接政府、市场、学校之间的桥梁和纽带”①。评估性教育中介组织的建立，能有效避免直接行政化评价高校的弊端，充当缓冲组织（Buffer Organization）的作用。中介性评估机构应当致力于评估理论的研究，不断提高自身业务水平，不断探索评估活动规律，并坚决按照规律办事。这样有利于维护评估活动的严肃性，有助于逐步树立中介性评估机构的权威——中介性评估机构也因此具备在市场经济中生存的基础。相对独立、自治、客观的中介评估系统，能够建立分层、多元的评估体系，并制定相应的规划、政策和工作重点，担负起各类大学的教育质量、办学方向、培养模式等方面的评估任务。评价标准必须兼顾不同类型和层次的高校在各自所承担的社会职责上的差别，并有助于不同类型的高校在人才培养上建立起相互沟通和衔接的“立交桥”。通过改变“同一化”的评价导向，采取多元评价的做法，允许不同类型、不同层次的高校有不同

① 陈文娇. 我国教育中介组织失灵与治理之研究［D］. 武汉：华中师范大学硕士学位论文，2006.

的分工。不同发展目标的重点和特色形成各高校相辅相成、彼此不可替代的局面。美国大学评估普遍采用政府委托中介组织的方式进行，值得我们学习借鉴。

另一方面，要改革现有的政府与社会的评价方式。现在某些教学评估，只重结果不重过程，只重评估不重整改，往往是评估一结束学校又恢复平常状态，使得评价成了形式主义，未能起到应有的作用。政府评估要更加重视具体过程与整改措施，用评估帮助学校发现自身存在的问题，用评估来帮助学校往更好的方向发展。要建立第三方的、专业的教育产出指标采集分析机构，对类似于就业率的学校指标进行独立的评价，不能由政府和学校公布这些数据，要保证数据的真实性。社会评估不能以追求市场价值为目标，也要调整其评价指标体系，如只注重大学所得的科研经费总量，而忽视大学教学科研人员的人均科研经费数量；或只注重人均科研经费数，而忽视人文社会科学人员与自然科学人员在一校中所占比重所进行的排名就是不可取的；只注重大学的物质条件而忽视大学“无形资产”的排名也是不可取的；只注重定量层面而忽视定性层面的排名同样是不可取的。

总之，为促进我国大学办学特色的形成，有必要借鉴国外成功的大学评价指标体系，结合我国实际情况，研制出符合中国国情、有助于激励大学办学特色形成的大学评价系统。

四、转变陈旧的教育办学理念

在中国这样一个深受传统文化影响的国家，真正实现高等教育多样化发展的障碍还在于文化观念。如前所述，存在强调统一、弱化差异；强调整体、忽视个体；盲目攀比、缺乏独立的现象以及现代社会民众对精英大学的期待，在一定程度上影响了我国大学往个性化、特色化发展的努力程度。让人欣喜的是，这种落后于时代发展的文化观念，正在随着市场经济的发展和劳动力市场的完善而逐渐改变。特别是当研究生难找工作，而大专生就业率却相对提升时，对现实中人们传统观念的冲击是前所未有的。政府和学校要积极主动适合这种文化的渐变，转变陈旧的教育办学理念，使差异化与个性化生存，避免过度趋同，实现多元发展。

1. 摒弃“大一统”的价值观念，倡导大学差异化生存

要把人们从“盲从”“惟上”“惟经典”“追求共性”和追求“高、大、全”的固有观念中解放出来，只有树立“适应才是最好”的观念，才能使高等院校适应经济与社会发展的需要。主管部门要大力倡导大学差异化生存。对待大学在教育形式、教育内容、教学方法、考试形式、实践教学等方面的新做法、新创意，要保护要鼓励，不能因为其不符合文件规定、不符合原有习惯而禁止。对于高等学校的自主事务，不要发文干涉。事实上，对于数以千计的地方性大学而言，应让地方政府因地制宜地进行管理。对于近百所的教育部直属大学，也应让一大部分归地方管理。有人说“最好的改革就是不改革”，换句话说，最好的治理是无为而治。让大学自己管理自己，尽管在初期可能是“一放就乱”，但从长期看，必定是避免大学组织趋同的最好办法。比如说，在专业设置上，教育部可以不要求各学校在统一的《本科专业目录》内招生。该如何对待这个目录呢？在这方面，德国的经验可以为我们提供借鉴。德国联邦统计局定期发布一个大学专业目录，但是，这个专业目录不是由联邦或州主管部门自上而下设置出来的，而是联邦统计局每年在各高校开“具体专业”的基础上综合统计出来的。比如，联邦统计局 2003 年夏季学期版目录共有大约 300 个“学习专业”，这 300 个“学习专业”是在全国高校所开设 2 000 至2 500个“具体专业”的基础上，或直接沿用、或归纳合并出来的。学位的发放是根据“学习专业”来的，高校可以根据自己的办学条件和对社会需求的判断灵活开设“具体专业”。这样，就可以在不影响高校专业设置灵活性的同时，对教育信息进行较为准确的处理和披露。①

2. 树立多元化的办学目标，鼓励大学个性化发展

要树立多元化的办学目标，建立多样化的人才观和质量观，就不能再用精英教育阶段对人才和质量的要求与标准，去衡量和评估大众化阶段高等院校的人才培养质量。《礼记·中庸》曰：“万物并育而不相害，

① 王一涛，徐绪卿. 民办学校专业设置：管制与自治 [J]. 教育发展研究，2008 (8)：13-17.

道并行而不相悖，小德川流，大德敦化，此天地之所以为大也。”万物并育，天地乃大；海纳百川，有容乃大。教育作为一个相伴人类社会而生的系统，自当有多彩多样的生存与发展状态，能够调和不同价值观念的冲突。只有充分把握“同一性”，又特别注意其“差异性”，才能不断地促进教育事业的发展，适应不同时期社会对高等教育的期待。举例而言，教师在日常教育中，不能不分学生差别，一味鼓励所有学生去报考研究生。应正视学生之间的差别，有的学生可能头脑灵活，敢冒险，有一定的管理能力，对这样的学生可以鼓励他去创业；有的学生可能有某一方面特长，应对其进行充分挖掘，不一定毕业后非要从事现在所学的专业。总之，大学真正的名片是其培养的学生，而不是其行政级别，更不是什么重点工程。只有学生有特色，大学才有个性。政府要鼓励学校办出特色，学校要鼓励学院办出特色，而学院又要鼓励各个学科、各个老师培养有特色的学生。只有形成争办特色的大环境，才能从根本上避免大学之间的趋同。

五、营造竞争的大学种群生态

大学种群生态指的是大学种群的时空动态，种群之间的相互作用和种群的调理机制。在一定空间范围内，所有大学生存状态的综合就构成了大学种群的生态。种群生态越活跃，大学就越有个性；种群生态越死气沉沉，大学就越趋同。因此，要创造条件，让各类大学找准生态位，让民办大学冲击公办高等教育，营造竞争的大学种群生态，避免大学的过度趋同。

1．大学要找准各自的生态位，努力实现错位竞争

生态位是生态学的重要术语，是生态群落内部和外部的基础。生态位就是一个物种不同于其他物种的时间和空间位置。在大自然中，亲缘关系接近的具有同样生活习性或生活方式的物种，不会在同一地方出现。如果它们在同一区域内出现，大自然将会用空间把它们各自隔开，如虎在山上行，鱼在水中游，猴在树上跳，鸟在天上飞；如果它们在同一地方出现，它们必定利用不同的食物生存，如虎吃肉，羊吃草，蛙吃虫；如果它们需要的是同一种食物，那么它们的寻食时间必定相互错开，如狮子是白天出来寻食，老虎是傍晚出来寻食，狼是深夜出来寻

食。在自然界里没有两个物种的生态位是完全相同的，有些物种亲缘关系接近或相似而使生态位出现部分重叠，这时就会出现严酷的竞争，如“一山不容二虎”。如果强者进入弱者的生态领域就会出现“龙陷浅滩受虾戏，虎落平阳遭犬欺”的情况；如果弱者进入强者的生态领域中就会出现大鱼吃小鱼、小鱼吃虾米的状况。因此，强者在自己的生态位上是强者，弱者在自己的生态位上才能自由生存。基于生态位现象而发展出的错位竞争理念，无疑是一种好的避免恶性竞争的发展战略，对于我们分析大学组织种群关系具有重要的启示意义，为了避免大学组织的过度趋同，大学组织应该：

一要寻找原始生态位，慎思所为。寻找原始生态位要求学校从实际出发，遵循有所为有所不为的指导思想。如霍普金斯大学特别厚爱医学科学，这是它领先世界的优势所在；哈佛大学至今在工科方面无所作为，因为这不是它的强项；加州理工学院甚至不设人文、社会科学学科，因为它要把所有的力量集中在理、工科领域。拥有近 20 位诺贝尔奖获得者的洛克菲勒大学从1954 年创办起就定位于只招收研究生并仅保持 100 名左右学生的规模，而 220 名教师中 1/4 以上是教授，这也是洛克菲勒为了保持自己学术上的一流所作出的有所为有所不为的选择。与一般高校定位于国际研究型不同，香港科技大学从创建之初，就放弃大而全的想法，一心一意选择小而专。如今作为成立不到 10 年的年轻大学，香港科技大学取得的成绩让老牌名校大跌眼镜。

二要避免生态位重叠，强化特色。避免生态位重叠的主要方法是大学定位的差异化。虽然市场竞争是客观存在的，但只要有可能，就应该避开竞争对手的制约，避免双方无谓的争夺，这对任何一方都有利。一个没有能力与重点大学抗衡的一般院校，就不要去充当“老虎”的角色，而甘心当一只“猴子”，“猴子”的优势是灵活。例如，安徽工程科技学院最初是一所名不见经传的普通院校，且不要说与国内名牌大学相比，就在安徽的本科院校中也不算排在前列。但是，近 20 年来这所年轻的学校却发展甚速，其毕业生在省内外炙手可热。该校选择的发展模式，一是适应安徽省社会经济发展的需要，二是区别于其他高校，重在强调学生实际能力的培养，决不追求高精尖的培养目标，而是走特色化的办学道路。

2．政府要支持民办教育发展，促进大学之间竞争

公立大学之间广泛的趋同现象，与政府的过度管制不无关系。因此，独辟蹊径，大力发展政府管制较少的民办高等教育，让民办教育来充当高等教育系统中的“鲶鱼”，促进大学之间的竞争，可能是一种较好的避免大学趋同的办法。事实上，国外的私立大学本身就办得十分有特色，在避免大学组织趋同方面的确起到了不可取代的作用，因此，政府要支持民办教育发展，促进大学之间竞争，营造有活力的大学种群生态。

一是要给民办高校更大的办学自主权。民办教育的优势就是既能满足学生对高等教育的过度需求，也能满足其对高等教育的差异需求。因此，政府应给予民办高校比公办学校更大的自主权，允许其自主招生、自主设置专业、自主评聘师资、自主聘用校长、自主创新教育教学形式等。对于民办高校来说，高度的自主权是最难能可贵的办学优势。有了办学自主权，民办高校才能有责任意识、风险意识、质量意识和战略意识，才能发挥其最大的潜力，只有在这种情况下，民办高校才能真正能充当起“鲶鱼”的角色，才能让公办高校感受到其竞争的威胁。

二是要改革独立学院，使之成为真正的民办高校。独立学院是近年来被探索出来的一种新型办学形式，虽然满足了一部分学生上大学的愿望，但是不可否认的是，独立学院至今仍依附于母体大学，在教育教学上无太多创新之处。一些独立学院在教育质量上不具备太太优势，挤占了真正民办学校的办学空间，对高等教育生态产生了负面影响。因此，要制定规则让独立学院脱离母体大学，更改独立学院容易给人暗示的校名（如××大学××分校、××大学××学院等），使之真正成为独立的民办学校，参与高等教育生态系统中的竞争。

三是要完善相关法规与政策，促进民办高校规范发展。要制定关于民办高校法律的实施细则，使之具有导向性和激励作用，形成依法行政、以法办学的整体框架。在完善法规规章中，要根据民办高校特点，加大扶持力度，制定相应的优惠政策。政府要侧重于宏观管理和微观指导，增强政策的可操作性和服务的公开、公正、公平性，增加透明度。制定关于民办高校征地、基建、投资办学、银行贷款、设立基金、减免

税费、合理回报、一次性奖励、专业设置、招生计划、领导体制、运行机制、内部机构、学生收费、教师聘任、职称评定、学生就业等方面的优惠政策。要把完善扶持性政策与完善制约性政策结合起来，不只强调扶持而忽视对民办高校的准入条件、法人制度、办学条件、招生广告、教学评估、师资队伍建设、学生管理等方面的规范要求。要坚持对民办高校的教学管理、学生管理、后勤管理、财务管理、学校治安与稳定等工作进行专项检查或评估，对严重违规行为要严肃查处，维护民办高校的办学秩序和民办高等教育的整体形象和声誉。

结　　语

大学组织的趋同现象，实际上是大学在各个方面较为共性的、普遍的现象的一种总结。在某种程度上，这些趋同现象的出现，与我国高等教育体制改革迟滞于其他经济社会体制改革有关。因此，我国的大学要真正摆脱“过度趋同、缺乏特色”的发展误区，必然要经历一个相当长的改革时期。这一点在本书中已有所涉及，比如高等教育管理体制、教育资源配置方式的改革与完善是不可能一蹴而就的，而外部评价与文化观念的改变更非一朝一夕之事。从这个角度而言，本书的主体部分在于分析大学组织趋同的制度因素与作用机制，不在于相关对策的提出。

此外，本书的主题虽是大学组织的趋同现象，但问题的核心仍在于大学组织与制度环境之间的关系。其中，大学组织与主管部门之间的关系是其中最重要的一对关系。从本书的论述中可以发现，大学组织的过度趋同现象，虽然主管部门很重视，也采取了某些措施去解决，但由于大学办学自主权不足，往往收效甚微。因此，给予大学更多的自主权，对于改善我国大学组织的制度环境具有根本性意义。从这一点来看，大学组织趋同现象虽然出现在高等教育系统中，但真正的原因却又不在其中，而在高等教育系统之外。大学组织趋同既是一个组织社会学问题，更是一个教育社会学问题。

著作虽已完稿，但并不意味着研究也随之终结。事实上，本书只是关于大学组织趋同研究的一个开端，并且这个开端存在着一些明显的不足。虽然笔者心中自知这些不足，但由于种种条件的限制在当前仍无法克服，只能通过以后知识的增加和经验的积累去逐步完善。

首先，本书在研究方法上有待于进一步改善。理想状态下，对于大学组织趋同的研究如果运用纯量化的研究方式，采用大范围的调查统计是一种最优的资料搜集手段，也是一种比文献分析和个别访谈更好的实证研究方法。但笔者因时间、财力与精力所限，无法运用这一方法。除此之外，文章在实证资料的搜集方面也存在改进之处。

其次，本书在语言提炼上有待于进一步提高。组织社会学研究的学术文章，一般来说，非常追求语言的准确性以及生动性。笔者毕竟不是社会学科班出身，缺少社会学中的写作技法，因此在语言提炼方面做得还不够，有时候口语化色彩较浓，而行文的学理性较弱，这一点无须笔者提出，相信读者也能有所体会。

最后，本书在理论分析上有待于进一步深入。组织社会学中的新制度主义学派在学科发展上较为年轻，因此其理论在解释组织趋同本身时就有待改进；而我国大学所面临的制度环境又过于复杂，因此，本书在理论分析以及作用机制的分析上还应更加谨慎。这一方面说明了理论还有很大的发展空间，另一方面也反映了笔者的思考还有待进一步深入。

参考文献

一、中文类

[1] 陈厚丰. 中国高等学校分类与定位问题研究 [M]. 长沙：湖南大学出版社，2004.

[2] 陈学飞. 美国、日本、德国、法国高等教育管理体制改革研究 [M]. 北京：教育科学出版社，1995.

[3] 刁培萼. 教育文化学 [M]. 南京：江苏教育出版社，1998.

[4] 董泽芳. 大学的理念与追求 [M]. 武汉：华中师范大学出版社，2003.

[5] 范文曜，马陆亭. 国际视角下的高等教育质量评估与财政拨款 [M]. 北京：教育科学出版社，2004.

[6] 冯友兰. 中国哲学简史 [M]. 北京：北京大学出版社，1997.

[7] 黄济. 教育哲学通论 [M]. 太原：山西教育出版社，1995.

[8] 季诚钧. 大学属性与结构的组织学分析 [M]. 北京：人民教育出版社，2006.

[9] 李汉林，渠敬东. 中国单位组织变迁过程中的失范效应 [M]. 上海：上海人民出版社，2005.

[10] 李岚清. 李岚清教育访谈录 [M]. 北京：人民教育出版社，2003.

[11] 李路路，李汉林. 中国单位组织——资源、权力与交换 [M]. 杭州：浙江人民出版社，2000.

[12] 刘献君. 高等学校战略管理 [M]. 北京：人民出版社，2008.

[13] 潘懋元. 多学科观点的高等教育研究 [M]. 上海：上海教育出版社，2001.

[14] 邱泽奇. 社会学是什么 [M]. 北京：北京大学出版社，2002.

[15] 石中英. 知识转型与教育改革 [M]. 北京：教育科学出版社，2001.

[16] 宋林飞. 西方社会学理论 [M]. 南京：南京大学出版社，1997.

[17] 孙隆基. 中国文化的深层结构 [M]. 桂林：广西师范大学出版社，2004.

[18] 王道俊，王汉澜. 教育学 [M]. 北京：人民教育出版社，1989.

[19] 吴康宁. 教育社会学 [M]. 北京：人民教育出版社，1998.

[20] 谢维和. 教育活动的社会学分析——一种教育社会学的研究 [M]. 北京：教育科学出版社，2000.

[21] 熊丙奇. 大学有问题 [M]. 成都：天地出版社，2004.

[22] 熊丙奇. 体制迷墙——大学问题高端访问 [M]. 成都：天地出版社，2005.

[23] 阎光才. 识读大学——组织文化的视角 [M]. 北京：教育科学出版社，2002.

[24] 易中天. 中国文化现象解密 [M]. 海口：海南出版社，1995.

[25] 于显洋. 组织社会学 [M]. 北京：中国人民大学出版社，2001.

[26] 张德祥，周润智. 高等教育社会学 [M]. 北京：高等教育出版社，2002.

[27] 张立文，等. 传统文化与现代化 [M]. 北京：人民大学出版社，1987.

[28] 张人杰. 国外教育社会学基本书选 [M]. 上海：华东师范大学出版社，1989.

[29] 张永宏. 组织社会学的新制度主义学派 [M]. 上海：上海人民出版社，2007.

[30] 周玲. 大学组织冲突研究：角色、权力与文化的视角 [M]. 北京：中国社会科学出版社，2007.

[31] 周雪光. 组织社会学十讲 [M]. 北京：社会科学文献出版社，2003.

[32] 教育部. 全国教育事业发展统计公报 (1999—2007).

[33] 教育部国家教育发展研究中心. 美国加利福尼亚州高等教育总体规划 [M]. 北京：人民教育出版社，2005.

[34] 中国教育事业统计年鉴 (2006) [M]. 北京：人民教育出版社，2006.

[35] 2006 年：中国社会形势分析与预测 [M]. 北京：社会科学文献出版社，2005.

[36] 马克思·韦伯. 经济与社会 [M]. 林荣远，译. 北京：商务印书馆，1997.

[37] 雅斯贝尔斯. 什么是教育 [M]. 邹进，译. 北京：生活·读书·新知三联书店，1991.

[38] 艾瑞克·阿什比. 科技发展时代的大学教育 [M]. 滕大春，等译. 北京：人民教育出版社，1983.

[39] 埃米尔·涂尔干. 社会分工论 [M]. 渠东，译. 北京：生活·读书·新知三联书店，2000.

[40] C. 赖特·米尔斯. 社会学的想象力 [M]. 陈强，等译. 北京：生活·读书·新知三联书店，2001.

[41] 德里克·博克. 走出象牙塔——现代大学的社会责任 [M]. 徐小洲，等译. 杭州：浙江教育出版社，2001.

[42] 伯顿·克拉克. 高等教育新论——多学科的研究 [M]. 王承绪，等译. 杭州：浙江教育出版社，2001.

[43] 伯顿·克拉克. 高等教育系统——学术组织的跨国研究 [M]. 王承绪，译. 杭州：杭州大学出版社，1994.

[44] 杰弗里·菲佛，杰勒尔德·R. 萨兰基克. 组织的外部控制——对组织资源依赖的分析 [M]. 闫蕊，译. 北京：东方出版社，2006.

[45] 罗伯特·伯恩鲍姆. 大学运行模式 [M]. 别敦荣，译. 青岛：中国海洋大学出版社，2003.

[46] 罗伯特·M. 赫钦斯. 美国高等教育 [M]. 汪利兵, 译. 杭州: 浙江教育出版社, 2001.

[47] 克拉克·克尔. 高等教育不能回避历史——21 世纪的问题 [M]. 王承绪, 译. 杭州: 浙江教育出版社, 2001.

[48] 克拉克·克尔. 大学的功用 [M]. 陈学飞, 等译. 南昌: 江西教育出版社, 1993.

[49] 帕森斯. 现代社会的结构与过程 [M]. 梁向阳, 译. 北京: 光明日报出版社, 1988.

[50] 乔纳森·H. 特纳. 社会学理论的结构 [M]. 7 版. 邱泽奇, 等译. 北京: 华夏出版社, 2001.

[51] 斯蒂芬·P. 罗宾斯. 管理学原理 [M]. 毛蕴诗, 译. 大连: 东北财经大学出版社, 2004.

[52] 沃尔特·鲍威尔, 保罗·迪马吉奥. 组织分析的新制度主义 [M]. 姚伟, 译. 上海: 上海人民出版社, 2008.

[53] 约翰·范德格拉夫. 学术权力——七国高等教育管理体制比较 [M]. 王承绪, 等译. 杭州: 浙江教育出版社, 2001.

[54] 约翰·亨利·纽曼. 大学的理想 [M]. 徐辉, 等译. 杭州: 浙江教育出版社, 2001.

[55] 约翰·S. 布鲁贝克. 高等教育哲学 [M]. 王承绪, 等译. 杭州: 浙江教育出版社, 2002.

[56] 珍妮·H. 巴兰坦. 美国教育社会学 [M]. 刘惠珍, 等译. 北京: 春秋出版社, 1989.

[57] 别敦荣. 美国大学定位与个性化发展 [J]. 高等教育研究, 2003 (1): 40-44.

[58] 陈彬, 欧金荣. 从"政府失灵"看我国高等教育评估改革 [J]. 高等师范教育研究, 2003 (3): 66-69.

[59] 陈学飞. 理想导向型的政策制定—— "985 工程" 政策过程分析 [J]. 北京大学教育评论, 2006 (1): 145-157.

[60] 陈玉琨. 论高等教育评估的中介机构 [J]. 中国高等教育评估, 1998 (2): 23-25.

[61] 董泽芳. 博士学位论文创新的十个切入点 [J]. 学位与研究生教育，2008 (7)：12-17.

[62] 董泽芳，胡春光. 从二元对立到多元综合——教育社会学方法论的历史演变 [J]. 华中师范大学学报（人文社会科学版），2006 (6)：128-135.

[63] 董泽芳，刘桂生. 地方高校发展目标定位刍议 [J]. 湖北教育学院学报，2005 (1)：98-102.

[64] 董云川. 多种形态一体化的中国高等教育 [J]. 教育发展研究，2004 (12)：74-77.

[65] 龚波，周鸿. 大学教师流动的微观机制分析：一种组织社会学的视角 [J]. 教育学报，2007 (1)：37-46.

[66] 黄大柯，王艺明. 我国国企集团组织趋同现象研究 [J]. 云南民族大学学报（哲学社会科学版），2005 (5)：59-62.

[67] 姜华. 从新制度主义的视角看中国民办高等教育组织的变迁 [J]. 辽宁教育研究，2007 (4)：31-34.

[68] 江小明，李娟娟. 以就业为导向规划高职专业设置 [J]. 职业技术教育，2005 (4)：40-43.

[69] 李爱民. 对中国公立大学组织的社会学分析 [J]. 现代大学教育，2007 (3)：10-14.

[70] 李刚. 大学的终结——1950 年代初期的“院系调整” [J]. 中国改革，2003 (8)：36-37.

[71] 李立国. 大学组织特性与大学竞争特点探析 [J]. 高等教育研究，2006 (11)：38-43.

[72] 刘广明. 大学边界的形成与功能：组织社会学的视角 [J]. 郑州大学学报（哲学社会科学版），2008 (3)：104-107.

[73] 刘广明. 借鉴也是一种创新——从美国加州高等教育规划看高等教育分类的实现条件 [J]. 瞭望，2007 (7)：66-67.

[74] 刘海波. 高等教育管理体制的分权化对高校行为的影响研究 [J]. 江苏高教，2008 (3)：37-40.

[75] 刘建军，刘彦龙. 单位体制生命力衰减的根源及后果 [J]. 文

史哲，2000（6）：102-108.

[76] 卢彩晨. 论大学趋同现象 [J]. 大学（研究与评价），2008（4）：14-18.

[77] 卢晓中. 试论高等教育理念与社会需求 [J]. 人大复印资料（高等教育），2001（4）：35-37.

[78] 马陆亭. 迈向大众化高等教育的政策选择 [J]. 江苏高教，2000（3）：20-23.

[79] 马陆亭. 我国高等教育管理体制改革 30 年——历程、经验与思考 [J]. 中国高教研究，2008（11）：12-17.

[80] 马万华. 功能分层：美国加州高等教育总规划的借鉴 [J]. 中国高等教育，2008（2）：60-62.

[81] 麻强. 中国企业实施事业部制改革的研究 [J]. 管理科学文摘，2005（1）：25-26.

[82] 牛维麟. 关于大学组织特点及内在关系的若干思考 [J]. 中国高等教育，2008（11）：13-15.

[83] 潘懋元. 一流大学与大学排行榜 [J]. 求是，2002（5）：5-7.

[84] 潘懋元，陈厚丰. 高等教育分类的方法论问题 [J]. 高等教育研究，2006（3）：8-13.

[85] 邱泽奇. 在工厂化和网络化的背后——组织理论的发展与困境 [J]. 社会学研究，1999（4）：11-14.

[86] 任敏. 如何做中国组织社会学研究：2007 年“组织社会学工作坊”综述 [J]. 社会，2008（1）：212-221.

[87] 上官剑. 高校定位中的错位与越位 [J]. 黑龙江高教研究，2007（4）：18-20.

[88] 孙同全. 组织趋同现象的社会学新制度主义解释——评介周雪光《组织社会学十讲》[J]. 北京工商大学学报（社会科学版），2004（6）：90-92.

[89] 唐安奎. 寻求合法性：高校趋同的动力机制 [J]. 高等工程教育研究，2007（1）：114-117.

[90] 王发明，蔡宁. 基于组织生态学视角的我国银行业发展战略研究 [J]. 中国矿业大学学报（社会科学版），2006（1）：60-63.

[91] 王莉华. 我国高等教育的绩效专项经费改革及完善思路——以"211 工程"和"985 工程"为例 [J]. 中国高教研究，2008（9）：35-38.

[92] 王义遒. 我国高校恰当定位为什么这么难 [J]. 高等教育研究，2005（2）：1-5.

[93] 王一涛，徐绪卿. 民办学校专业设置：管制与自治 [J]. 教育发展研究，2008（8）：13-17.

[94] 王英杰. 改革大学校长遴选机制 [J]. 科学中国人，2005（5）：3-5.

[95] 王勇. 浅析美国高等教育市场化——以营利性高校为视角 [J]. 外国教育研究，2006（8）：42-46.

[96] 王占军. 大学组织趋同的现象与机制——以师范院校为分析单位 [J]. 中国高教研究，2008（6）：8-11.

[97] 温艳，彭兰. 我国高等教育资源配置对高校办学行为的影响 [J]. 大学教育科学，2006（3）：34-37.

[98] 邬大光，刘振天. "三个面向"与知识经济时代的高等教育 [J]. 中国高等教育，1998（12）：9-10.

[99] 吴慧平. 大学组织变革趋同的社会学思考 [J]. 高教探索，2007（2）：28-30.

[100] 武书连. 再探大学分类 [J]. 科学学与科学技术管理，2002（10）：26-30.

[101] 解飞厚. 高等学校定位问题辨析 [J]. 高等教育研究，2005（3）：48-52.

[102] 徐静镠. 我国财经类本科院校办学趋同现象解析 [J]. 华东经济管理，2008（8）：117-120.

[103] 杨进安. 试论行政权力对学术权力的影响与制约 [J]. 甘肃行政学院学报，2006（1）：51-53.

[104] 俞俏燕，邬大光．我国高等院校趋同现象解析——以单科性院校发展为例 [J]．大学（研究与评价），2007 (1)：9-20.

[105] 湛正群，李非．组织制度理论：研究的问题、观点与进展 [J]．现代管理科学，2006 (4)：14-16.

[106] 张爱龙．我国高等学校的一种分类法 [J]．中国高等教育，2001 (3)：62.

[107] 张清．高校趋同化发展缘由的组织社会学透视 [J]．教育评论，2006 (5)：7-10.

[108] 章新胜．加州高等教育总体规划与美国高等教育治理 [J]．中国高教研究，2005 (12)：39-40.

[109] 周雪光．制度是如何思维的 [J]．读书，2001 (4)：10-18.

[110] 朱新卓．论社会文化心理对高校定位的影响 [J]．现代教育科学，2002 (11)：47-49.

[111] 斯科特．对组织社会学 50 年来发展的反思 [J]．李国武，译．国外社会科学，2006 (1)：7-14.

[112] 陈志鹏．中国高校掀新一轮更名竞赛，千所大学近一半改名 [N]．武汉晨报，2007-09-25.

[113] 董泽芳．政府有效评估是高教质量的推动力 [N]．中国教育报，2009-02-03.

[114] 黄冲．朱清时院士：学校是净土，社会才有希望 [N]．中国青年报，2008-11-06.

[115] 纪宝成．大学评估太滥，部分公务员借权力指手画脚 [N]．人民日报，2008-03-26.

[116] 李剑军．襄樊学院率先实行“大部制” [N]．湖北日报，2009-01-23.

[117] 孙琛辉．上海交大世界大学排行榜遭《科学》质疑 [N]．科学时报，2007-09-11.

[118] 孙复初．办学自主权要交给大学 [N]．人民日报，2009-02-05.

[119] 唐景莉. 专科学校升格要不要降温 [N]. 中国教育报，2003-12-24.

[120] 王建宗. 思想雷同与特色办学 [N]. 现代教育报，2008-10-09.

[121] 杨晨光. 我国出国留学规模 30 年扩大 168 倍 [N]. 中国教育报，2008-12-25.

[122] 赵婷婷. 大众化进程中高校的分化与趋同 [N]. 中国教育报，2005-07-15.

[123] 钟秉林，张斌贤，李子江. 大学如何协调学术权力与行政权力 [N]. 中国教育报，2005-02-04.

二、外文类

[1]MEYER J W, ROWAN B. Institutionalized Organizations: Formal Structure as Myth and Ceremony[J]. American Journal of Sociology, 1977, 83(2):340-363.

[2]TROW M. Problems in the Transition from Elite to Mass Higher Education[R]. Berkeley:Carnegie Comission on Higher Education,1973.

[3] MARCH J C, MARCH J G. Almost random careers: the Wisconsin school superintendence, 1940-1972. Administrative Science Quarterly,1997,22(3): 378-409.

[4] HANNAN M T, FREEMAN J. The Population Ecology of Organizations. American Journal of Sociology,1997,82(5):929.

[5] MILOFSKY C. Structure and Process in Community Self-Help Organizations. Working Paper No. 17. New Haven: Yale Program on Non-Profit Organizations,1981.

[6] DIMAGGIO P J, POWELL W W. The Iron Cage Revisited: Institutional Isomorphism and Collective Rationality in Organizational Fields [J]. American Sociological Review, 1983,48(2):147-160.

[7]RIESMAN D. The Academic Procession: Constraint and Variety in American Higher Education [M]. Lincoln: University of Nebraska Press, 1956.

[8]RUEF M, SCOTT W R. A Multidimensional Model of Organizational Legitimacy: Hospital Survival in Changing Institutional Environments[J]. Administrative Science Quarterly, 1998, 43(4): 877-904.

[9]SCOTT W R. Organizations: Rational, Natural, and Open Systems [M]. New Jersey: Prentice-Hall, 1992.

后　记

本书是在我的博士论文基础上修改而成的。虽已停笔，却并无心释，反而有一种怅然。总希望在正文之外再留下点什么——也许是心灵渴望一种载体，载负对母校、对师长、对同窗、对亲人的一种感恩！载负经过漫长跋涉终于到达人生旅途重要驿站的惆怅、欣喜和宣泄！

自 1999 年进入华中师范大学以来，我在桂子山上已经度过整整十年。这十年，我用汗水注解了青春的价值。从一个满脸稚气、懵懂不安的大学新生，成长为具有初步研究能力的博士毕业生，除了自己的主观努力之外，更离不开诸位师长和同仁的教导与提携。我的各项研究成果，都是与华师高等教育学与教育社会学的学术传统一脉相承的，都是前辈研究工作的一种延续。2009 年，我博士毕业后到武汉市洪山区教育局工作，任武汉市洪山区教育科学研究院副院长，分管全区中小学幼儿园教育科研工作，博士期间的良好训练为我的教科研管理工作打下了扎实的基础，我先后完成了国家级、省级、市级各项课题的研究和相关撰写任务，获得了各级领导和专家的一致好评。在基础教育领域摸爬滚打 7 年后，2016 年，我被调入湖北大学教育学院，丰富的一线管理经历和教育资源为我的大学教书生涯提供了无穷无尽的动力和思考的源泉。

此书稿的最终无成首要感谢的是导师董泽芳教授。董老师“循循善诱，博我以文，约我以礼”，践行了两千多年来的教育与学术准则。董老师既重言传，更重身教，始终为我的做人与处事树立了一个标杆。董老师经验丰富，“善弹钢琴”，教会我很多应对学习与工作的诀窍。董老师细心周到，体恤学生，在生活上也给我提供了很多方便与照顾，传授了他作为长者的经验。董老师给予我攻读博士的机会，让我多次参与了课题的调研与讨论，还曾担任我婚礼的主婚人，可以说，他是我学术与人生成长中最主要的见证人与参与人。董老师有着自己特有的治学方式，在我的研究生学习阶段中倾囊而授。出其师门，得其真传的众多学子，都形成了一种独特的行文气质。导师从论文选题到框架搭建，从撰写修改到最终成稿，无不倾心倾力。每逢写作过程中因思路枯竭而产生困惑、焦虑时，导师总会在关键的节点上指点迷津。没有董老师，就没有这本著作，也没有我的今天。

感谢高等教育研究所的欧阳光华教授和教育经济与管理研究所的陈彬教授。欧阳光华老师从本科带我至今，只要我在学习上有什么问题，他的办公室总是最好的去处，因为在那里总能得到专业性和前瞻性的指导。感谢我的硕士导师陈彬教授，他高标准、严要求，对我满怀期望，我却没有进一步做到卓越，自觉十分愧疚。

感谢湖北大学教育学院的靖国平教授，他在我人生的重要转折点为我指点迷津，为我提供新的平台和广阔的发展空间。他敦促我：不忘初心，继续前进。

感谢同门的师兄师姐师弟师妹，他们在专业学习和日常生活中给了我很多帮助。师兄陶能祥、杨海松、胡春光、王彦斌、张国强、张永庆认真的学习态度和卓越的研究成果给了我鞭策和激励；师姐陈秀玲始终是我学习与生活上经验丰富的咨询者；学友熊德明经常与我讨论问题，共增见识；师弟陈新忠、张继平、张茂林，师妹何青、谭颖芳，在学术上各具特色，在能力上更是各有千秋，他们都是我学习的榜样。

感谢华师出版社的领导和编辑老师为此书出版付出的心血。

最后要感谢我的父母和爱人。无论成功还是失败、欢喜还是忧伤，他们都一直默默地支持我，这是我一直不断努力前进的巨大动力。书中的不少观点和思想都是在与爱人彭湃博士的讨论、碰撞中获得的，从他那里，我总能得到尖锐而中肯的批评，促使我不断改进。

谨以此书献给爱护我、帮助我、关心我的师长、亲人和朋友们！

陈文娇